山の神・鮭の大助譚・茂吉

東北からの民俗考

村田　弘

無明舎出版

山の神・鮭の大助譚・茂吉＊目次

山の神・鮭の大助譚・茂吉

――東北からの民俗考

まえがき

この本の要点に触れると、日本の民俗学界に定説がないと言われる「山の神とオコゼ」の問題を一介の魚好きの民俗研究者である私が調べた限りでは、古代日本と朝鮮半島、中国大陸との繋がりが浮かび上がり、虎信仰がちらつく。

山形県の雨乞い習俗調査では、天童市の若松寺で不思議な姿をした倶利伽羅不動明王像に出会った。像の下部の魚体は山の神と関係のあるオコゼを表現したと考えられる。

山形県人である私には、東北地方、新潟県に伝承される「鮭の大助譚」の淵源は蝦夷、アイヌにあるのではないかという考えに到達する。

短歌からも民俗が窺えるし、斎藤茂吉の代表歌「のど赤き玄鳥《つばくらめ》ふたつ屋梁《はり》にゐて足乳根《たらちね》の母は死にたまふなり」は、茂吉の真意とは別に解釈されている現状も、上山市金瓶の民俗、宗教を調べると明らかになる。

私の亡父の一言から、大工の穢れ観念が窺われたし、古里である河北町谷地の祭りには京都やシルクロードの文化が活きている。

民衆レベルから出発して、「自分とは何か」、「東北人、日本人とは何か」という問いが、幾重もの扉を開き、だんだんと解けてくるような気がする。
この本は十数年来、村山民俗学会を基盤にして書いてきた論文を中心にまとめたものである。興味を持たれたところから読んでいただければ幸いである。村山民俗学会の諸先輩方、御教示、励ましを頂いた先生方及び無名の民に感謝申し上げる。

二〇一七年三月十日

村田　弘

第一章　斎藤茂吉の歌集『赤光』を民俗から読み直す

一、はじめに

周知の通り、斎藤茂吉は明治十五年（一八八二）、山形県南村山郡金瓶村（現・上山市金瓶）に生まれた近代日本を代表する歌人である。明治二十九年（一八九六）、十四歳の時に上京し、精神科病院経営者の斎藤紀一の次女てる子（輝子）の婿養子となるが、二十三歳の時、正岡子規の歌集『竹の里歌』に触発され短歌を志した。大正二年（一九一三）に第一歌集の初版『赤光』を発表すると鮮烈な印象を与えて広く知られるようになる。つぎのように指摘する評者がいる。(1)『赤光』には茂吉の風土や宗教、またより直接的な血肉、原質的なものが色濃くあらわれている。(2)

筆者は『赤光』の中から、民俗が表現されていると思われる短歌を選び出し、茂吉が作歌した当時の民俗との関わりついて考察を試みる。なお、『赤光』は短歌新聞社文庫の『歌集赤光』(3)を資料の中心とするが、この文庫は初版のあと八年たち、大正十年（一九二一）に出された歌数の減った改選版『赤光』に基づいているので、大正二年発刊の初版からも取り上げた。漢字は新字体に改めている。

二、歌集の内容と民俗

『赤光』の八百首前後の短歌から、民俗と関わる歌を選んだ。歌集は題名を付けた連作から構成されているが、制作時期の古いものから、年代順に五題取り上げることにする。

㈠、地獄極楽図　明治三十九年

茂吉は昭和十七年と十九年に書かれた「作歌四十年」[4]に、「地獄極楽図は郷里金瓶村宝泉寺で毎年掛ける掛図の記憶に拠ったものである」と書いている。宝泉寺住職に聞くと、地獄極楽図の公開は盆の八月十六日と正月十六日とのことである。[5] 十一首の連作であるが、便宜上、八首選び番号を付けて次に列記する。

1　浄玻璃《じやうはり》にあらはれにけり脇差《わきざし》を差して女《をんな》をいぢめるところ
2　飯《いひ》の中《なか》ゆとろとろと上《のぼ》る炎《ほのほ》見てほそき炎口《えんく》のおどろくところ
3　赤き池にひとりぼっちの真裸《まはだか》のをんな亡者《まうじや》の泣きゐるところ
4　いろいろの色の鬼ども集まりて蓮《はちす》の華《はな》にゆびさすところ
5　罪計《つみはかり》に涙ながしてゐる亡者《まうじや》つみを計れば巌《いはほ》より重き
6　もろもろは裸《はだか》になれと衣《ころも》剥《は》ぐひとりの婆《ばば》の口赤きところ
7　白き華《はな》しろくかがやき赤き華あかき光を放ちゐるところ

8　ゐるものは皆ありがたき顔をして雲ゆらゆらと下《お》り来るところ

上山市金瓶の宝泉寺（浄土宗）には、地獄図十幅、極楽図一幅、計十一幅が所蔵される。短歌1から6までが地獄図、7と8が極楽図に基づいて詠まれている。ただ、片野達郎[6]や吉田漱[2]、錦仁[7]がすでに指摘しているように、宝泉寺の絵にないことが詠まれている。1の歌では浄玻璃（鏡）に写し出されているのは脇差しを差し女をいじめるところとあるが、宝泉寺の絵では、鏡に写し出されているのは放火犯である。3の歌にはひとりぽっちの裸の女亡者とあるが、絵には四名以上の女が描かれている。4の場面は宝泉寺の絵には見あたらない。したがって、茂吉が上京する前、宝泉寺で見聞きした記憶に拠るとは言え、それだれではなく、その後に学んだ仏教の知識が加わり、ある程度の創作がなされて連作ができ上がったと考えられよう。なお、結句の「…ところ」と結ぶ表現は、正岡子規を模倣したものであると茂吉が書いている[4]。

茂吉之墓（宝泉寺）

茂吉は幼少の時から、宝泉寺住職の窿応和尚の教えを受け、仏教観も育まれたものと思われる。寺での地獄極楽図の絵解きや仏生会、涅槃会への参加と共に、家族や村人の熱心な宗教心や習俗が茂吉の原体験となっていくのである。

(二)、折に触れて　明治三十九年作

二十首の連作のうち、民俗や宗教に関わる五首だけを抜書きして触れることにする。

1　み仏《ほとけ》の生《あ》れましの日と玉蓮《たまはちす》をさな朱《あけ》の葉池に浮くらし（仏生会二首）

2　み仏の御堂《みどう》に垂るる藤なみの花のむらさき未《いま》だともしも

3　みちのくの仏《ほとけ》の山のこごしこごし岩秀《いわほ》に立ちて汗ふきにけり（立石寺一首）

4　涅槃会《ねはんゑ》をまかりて来れば雪つめる山の彼方《かなた》に夕焼《ゆふやけ》のすも

5　小滝《こたき》まで行著《ゆきつ》きがてにくたびれし息《いき》づく坂よ山鳩のこゑ

1と2の二首は茂吉が幼少の頃、金瓶村で釈迦誕生日の四月八日の仏生会に参加した経験に拠る。祖母と一緒に参列し、念仏を唱えたことを詠んだ歌が「馬酔木《あしび》」に載っており(2)、茂吉の成育時の宗教環境が窺える。3の歌は山寺の立石寺に参拝に行った時のものである。目的は詠まれていないが、当時、立石寺へは、村山地方の人々がこぞって参拝した習俗から推測できよう。4の歌は涅槃会すなわち釈迦入滅を追悼して行う法会（陰暦二月十五日）に参列したことに拠る。涅槃図をかかげ経を読誦する。茂吉は法会に参列し、深い感動を経験したことが詠まれている。後述するが、「死にたまふ母」の連作の中には、涅槃会の投影がみられる。金瓶村では当時、仏生会と共に重要な仏教行事として村民に定着していたことが窺えるのである。5の歌には、小滝（南陽市小滝）に行ったことが詠まれている。後述する「死にたまふ母」の一首と関わるのであげておく。

㈢、木こり　羽前国高湯村

大正元年の作となる歌である。高湯村（現・山形市蔵王温泉・表蔵王・南半郷）の木こり（樵）の実態が詠まれており、民俗的に珍しいので取り上げる。初版『赤光』では十七首の連作であったが、『改選版』では八首に削られている。『初版』の方がより詳しく木こりの実態が分かるので、その中から拾ってみる。

1　天《てん》のもと光にむかふ楢木《ならき》はら伐《こ》らんとぞする男とをんな
2　をとこ群《む》れをんなは群《む》れてひさかたの天《てん》の下びに木を伐《き》りにけり
3　さんらんと光《ひかり》のなかに木伐《きこ》りつつにんげんの歌うたひけるかも
4　山上《さんじょう》に雪こそ居《ゐ》たれ斧《をの》ふりてやまがつの目のかがやきにけり
5　斧ふりて木《き》を伐《こ》るそばに小夜床《さよどこ》の陰《ほと》のかなしさ歌ひてゐたり
6　雪のうへ行けるをんなは堅飯《かたいひ》と赤子《あかご》を背負ひうたひて行けり
7　うち日さす都《みやこ》をいでてほそりたる我のこころを見んとおもへや
8　みちのくの蔵王《ざわう》の山のやま腹にけだものと人と生きにけるかも

羽前国高湯村とあるのは現在の山形市蔵王温泉・表蔵王・南半郷であり、茂吉が帰省の折、誰かと一緒に登ったと思われる。季節はまだ雪のある二月であり、伐採と木材の運搬に都合の良い頃であった。1の歌には楢木《ならき》はらとあるから、コナラかミズナラの林で木こり達は伐採作業をしていたのだろう。4の歌に「やまがつ」とあるのは、ここでは木こりのことであるが、漢字を当てると「山賤」になる。この言葉は猟師や木こりなど、山中に住む賤しい身分の人という意味をもっている。東京帝国大学を卒業し医師になり、都会生活に馴染んだ茂吉の環境から出た表現だろう。しかし、7の歌では、自然の中でおおらかに働く木こり達の姿を見て、茂吉は東京のわずらわしい生活の中で疲れやせ細った自分の心身を省みているのである。1と2と6の歌から分かることは、木こりの集団はある程度の人数の男性と女性から成り、女性は飯を持参し、歌を歌いながら、赤子を背負って仕事に加わっていることである。また、3の歌では、木を伐る作業をしながら、俗世間の「人間くさい歌」を歌い、5の歌には「小夜床の陰のかなしさ」を歌っているとある。木挽き唄をはじめ、木こり達にはおおらかで、一面卑猥な労働歌が当時流行っていたのだろうと言われている。(2) 民俗的にも当時の木こり（樵）の実態が分かり貴重である。

㈣、葬り火　黄涙余録の一

大正二年に二十首の連作として発表された。茂吉が担当していた患者が自殺し、茂吉はショックを受けている。その後の都内での葬送の模様が詠まれている。六首のみ拾って触れてみる。

1 あらはなる棺《ひつぎ》はひとつかつがれて穏田《をんでん》ばしを今わたりたり
2 陸橋《りくけう》にさしかかるとき兵来れば棺《ひつぎ》はしまし地《つち》に置かれぬ
3 赤光《しやくくわう》のなかに浮びて棺《くわん》ひとつ行き遙《はる》けかり野は涯《はて》ならん
4 火葬場《くわさうば》に細みづ白くにごり来《く》も向《むか》うにひとが米を磨ぎたれば
5 うそ寒きゆふべなるかも葬《はふ》り火《び》を守るをとこが欠伸《あくび》をしたり
6 納骨《なふこつ》の箱は杉の箱にして骨《こつ》がめは黒くならびたりけり

1の歌から、棺に白布など何もかけずに、素木のあらわな棺が担がれたことが分かる。坐棺なのか寝棺なのか、多分、坐棺であったのではないか。山形県では当時坐棺が普通であった(8)。それが陸橋にさしかかった時、歩兵集団と出合ったので、かしこまつて棺を地に置いたことが2の歌に詠まれている。3の歌の「赤光」という表現は仏教の浄土の光を想わせる。4の歌では、火葬場の近くの人が生活し、米を磨いだ白い水が流れていることに気付いている。吉田漱が指摘しているが、そういう人達は差別される貧しい人であったのかも知れない(2)。5の歌は火葬に従事する者が欠伸をしたというのである。男は人の死、火葬を単なる仕事と受け止めているのが分かる。6の歌は納骨箱が桐でなく、杉板の粗末な箱であるという。大正初期の都内の葬送の一端を窺い知ることのできる連作である。茂吉はつぎの「死にたまふ母」でも死と葬送を詠んでいる。

㈤、死にたまふ母

大正二年九月のアララギに数十首発表し、初版『赤光』には五十九首の連作として載る。大正二年五月に生母いくが逝去した。茂吉は「作歌四十年」に「母重病の報に接して帰国してから、母没し、母を火葬し、悲しみを抱いて酢川温泉に浴するまであたりを順々に詠んだもの」とし、「歌集赤光が発行になると、この「死に給ふ母」一連はなかなかの評判となり、赤光が一躍有名になったのは、この一連の連作のためであった」と記している。この連作は多くの歌人や小説家に影響を与えた。現代の国語教科書に定番として載る歌もある。文学的解釈に関わらざるを得ないが、深入りせず、民俗に関わると思われる七首を選び考察する。

1　母が目をしまし離《か》れ来て目守《まも》りたりあな悲しもよ蚕《かふこ》のねむり
2　のど赤き玄鳥《つばくらめ》ふたつ屋梁《はり》にゐて足乳根《たらちね》の母は死にたまふなり
3　わが母を焼かねばならぬ火を持てり天《あま》つ空《そら》には見るものもなし
4　火を守《も》りてさ夜ふけぬれば弟は現身《うつしみ》のうたかなしく歌ふ
5　灰のなかに母をひろへり朝日子《あさひこ》ののぼるがなかに母をひろへり
6　蕗の葉に丁寧にあつめし骨くづもみな骨瓶《こつがめ》に入れしまひけり
7　どくだみも薊《あざみ》の花も焼けゐたり人葬所《ひとはふりど》の天明《あめあ》けぬれば

1の歌から、茂吉が書いたように、茂吉の実家・守谷家は農業をしており、養蚕でどの部屋も蚕で一ぱいだったことがわかる。(4) 2の歌は大変有名で学校の教科書にも採用されている名作である。文学的な解釈になると議論があるようで、今でも「諸説紛々という状態」(9)という。これから述べる民俗・宗教上の背景とも関わってくるので、主な説数例を筆者の知る範囲で簡単に記す。一般に受け入れられている解釈としては、のど赤き玄鳥ふたつを「生」の象徴とし、足乳根の母の「死」と鮮やかに対比させているということで、きわめて評価が高いのである。白楽天の「燕詩示劉叟」の影響を指摘する説もある。燕が来て母の死を荘厳しているという説もある。

ところで、茂吉は「作歌四十年」の中につぎのように書いている。「もう玄鳥が来る春になり、屋梁に巣を構へて雌雄の玄鳥が並んでゐたのをその儘あらはした。下句はこれもありの儘に素直に直線的にあらはした。さてこの一首は、何か宗教的なにほひがして捨てがたいところがある。世尊が涅槃に入る時にも有象がこぞって歎くところがある。私の悲母が現世をさらうといふ時、のどの赤い玄鳥のつがひが来てゐたのも、何となく佛教的に感銘が深かった」。そこで問題になるのが、「雌雄の玄鳥が並んでゐたのをその儘あらはした」と写生を強調しながらも、世尊の涅槃図を持ち出し、「何となく佛教的に感銘が深かった」とも述べている点である。茂吉研

涅槃図（宝泉寺所蔵）

涅槃図（部分拡大）

究家を悩ませるところがここにある。「宗教的なにほい」「世尊の涅槃」「佛教的に感銘」云々は、「作歌四十年」執筆時に、後から付け加えた感慨か説明であるとさえする著名な研究家が何人もいるのである。

しかし、「㈡折に触れて」で引用した仏生会と涅槃会の歌や「㈠地獄極楽図」の歌から、茂吉が敬虔な仏教的環境の中で育ち、仏教についての教養も深かったことが分かるから、茂吉が述懐したことをまず信用するのが先であろうと思われる。茂吉は涅槃会もしくは仏教書で涅槃図を見たに違いない。絵解きも見聞きしただろう。涅槃図には、横になる釈迦を囲んで泣く仏弟子や眷属、鳥獣が描かれている。現在は宝泉寺で地蔵講の時、涅槃図を掛けるが、涅槃会は行なっていないという[5]。涅槃図には燕が一羽描かれており、かなり古いもので表具為直しており、茂吉生誕以前のものであることは間違いないだろうと住職は言う[10]。そばに迦陵頻伽も描かれている。

茂吉がつぎの民話を知っていたか分からないが、燕は母親または釈迦が死ぬところだとの知らせに、化粧などで時間を取り遅れてしまったという。この話は山形県上山市の他、秋田県、長野県など各地に分布している。[11][12]それで燕は大変悔やんで、お釈迦様が極楽浄土へ行くときの道案内をさせてくれと、神さまにお願いして許され、道案内したのだという。[13]

茂吉が歌にも詠んでいる南陽市小滝の土葬時代（明治以前から）の葬送儀礼では、天蓋の飾りものを厚紙で「燕」の形に四枚作り、天蓋の四隅に吊り下げることにしていたという。上山市出身の民俗学者である武田正は「燕」[13]の型紙を小滝で実際に見ている。これを「四方燕」と言い、死者を冥土送りするしるしだという。この四方燕については、山形（上山市）を郷里ともする民俗学者の木村博が先に『死―仏教と民俗[12]』に詳しく次のように書いているのである。「郷里の山形（上山）では、葬儀においては、棺台が『四方燕』に作られるばかりでなく、棺の上に載せるカサ（天蓋）の四隅にも、わざわざ『燕』をこしらえて取付けるのである。この『燕』は、村人達がその都度、茄子や芋に、経木で燕の羽や尻尾を作り、墨を塗って安直に造っている。尻尾の先が燕尾形に分かれていることからも、この鳥が燕であることは疑いない」。福島、神奈川、鳥取県などでも葬送の時、燕を付ける風習があり、かつては全国に分布したのではないかとしている。また、燕は「死者の霊が鳥と化したか、又は霊をあの世に送りとどける鳥と考えられたのだろう」と述べ、「燕の不可思議なる去来に対して、恰も常世国からの使者であるかの如く、古くは燕に対して一種の霊異を感じていた結果ではないだろうか。それが仏教に採り入れられて彼岸・浄土に住む鳥と考えられ、棺を守護する「四方燕」の習俗を生んだものと考えられないであろうか[12]」としている。

このようにみてくると、茂吉は幼少の時から涅槃会に参列するなどして涅槃図の絵解きを見聞きし、釈迦の入滅に多くの鳥獣が集まり泣き悲しむ姿を見ていた。それらの鳥獣の中に燕もいて、茂吉の脳裏に刻み込まれていたのではなかろうか。また、上山市に伝えられていた燕の民話にある「お釈迦様が極楽浄土へ行くときの道案内をする」「葬式の時、仏様の道案内をする」という燕の話を幼少の時から聞かされていたかもしれない。あるいは、上山市周辺で葬送の時、棺の天蓋に付ける四方燕の習俗を見ていた可能性もある。したがって、2の歌について、茂吉が昭和十七年と十九年に執筆した「作歌四十年」の中で、世尊の涅槃図を持ち出し、「私の悲母が現世を去ろうといふ時、のどの赤い玄鳥のつがひが来てゐたのも、何となく佛教的に感銘が深かった」と述懐したことはうなずけるのである。この述懐が歌の制作時の真実ではなく、後から付け加えた感慨や解説とは言い切れないだろう。幼少の時からの茂吉の仏教的体験や知識、それに金瓶村の習俗がこの歌を詠ませたのではなかろうか。

3の歌は亡母の遺体を火葬する時の様子であるが、茂吉が火を持っている。4の歌は火葬中、弟が「現身《うつしみ》のうた」を歌ったというのである。これらは、高瀬助次郎の『百姓生活百年記巻壱』(14)にみえる、明治から大正期の火葬の実態と符合する。高瀬によると、山形市谷柏では、火葬場で一般の会葬者が全部帰った後、喪主や近親者が火をつけ、必ず近親者が二人以上、番をしたとある。弟が歌った「現身のうた」とは流行歌とも考えられ、当時の風俗が窺われる。5から7の歌は火葬が終り、火葬場で亡母の遺骨を拾う歌である。5の歌に「朝日子《あさひこ》ののぼるがなかに母をひろへり」とあるのは、朝日子すなわち太陽が山から出て、光の差す中で遺骨を拾っているように読めるのであるが、山形市の谷柏では「翌朝には日の出ない内に皆んなで骨拾いをする(14)」とある。上山市金瓶と山形市谷柏は近い集落であり、この歌は茂吉が文学的に創作した可能性がある。7の歌には、すっかり空が明けた後の人葬所（火葬場）の様子が詠まれている。

火葬場跡（上山市金瓶）

三、おわりに

斎藤茂吉の歌集『赤光』から、民俗や宗教が背景にあると思われる連作五題を検討の資料とした。短歌から民俗が窺われるもの、民俗から短歌がより正確に理解できるものがあった。「地獄極楽図」、「折に触れて」からは、明治中頃の南村山郡金瓶村（現・上山市金瓶）の民俗や宗教が窺えた。「木こり」からは、大正元年頃の羽前国高湯村（現・山形市蔵王一帯）の樵の民俗的実態がよく分かる。「葬り火」は大正初頭の東京都内での葬送の模様を描き、「死にたまふ母」には、生母いくの逝去と大正二年の金瓶村の葬送（火葬）の民俗が詠まれる。

「のど赤き玄鳥《つばくらめ》ふたつ屋梁《はり》にゐて足乳根《たらちね》の母は死にたまふなり」の歌は、鮮やかに生と死の対比が表現された名作として評価が高いのであるが、茂吉は「作歌四十年」に「のどの赤い玄鳥のつがひが来てゐたのも、何となく佛教的に感銘が深かった」と振り返っている。このことを茂吉が幼生の頃から金瓶村の宝泉寺などでの宗教的体験（涅槃会・仏生会、地獄極楽図など）、燕の民話、葬送の四方燕の民俗から、作歌時の茂吉の心情として有り得た事とほぼ検証できた。また、民俗的にみると、実際とは少し異なると思われる歌も存在することが分かった。

筆者にとって、短歌を民俗資料として取り上げるのは初めての試みである。その可否についてご意見を賜れば幸いである。

注

（1）斎藤茂吉『歌集赤光』（大正二年十月十五日発行　東雲堂書店）

（2）吉田　漱『赤光』全注釈（平成三年四月二九日発行　短歌新聞社）

（3）斎藤茂吉『歌集赤光』（平成一七年一月一五日発行　短歌新聞社）

（4）斎藤茂吉「作歌四十年」『斎藤茂吉全集第二十巻』（昭和二八年一月一五日発行　岩波書店）

（5）宝泉寺住職より聞取り（平成二六年三月二四日、四月六日）

（6）片野達郎『日本文芸と絵画の相関性の研究』（昭和五〇年一一月三〇日発行　笠間書店）

(7) 錦　仁『東北の地獄絵―死と再生』(平成一五年七月一五日発行　三弥井書店)
(8) 高瀬助次郎『百姓生活百年記(巻壱)』(平成二六年三月二八日発行　原人舎)
(9) 品田悦一『斎藤茂吉　異形の短歌』(二〇一四年二月二五日発行　新潮社)
(10) 宝泉寺住職より聞取り(平成二七年五月二五日)
(11) 長澤　武『動物民俗Ⅱ』(二〇〇五年四月一日発行　法政大学出版局)
(12) 木村　博『死―仏教と民俗』(一九八九年五月二五日発行　名著出版)
(13) 武田　正『山形「民俗」探訪』(二〇〇三年一〇月三〇日発行　東北企画出版)
(14) 高瀬助次郎『百姓生活百年記(巻壱)』(平成二六年三月二八日発行　原人舎)

第二章　山形県の雨乞い習俗

一　若松寺の倶利伽羅不動明王と雨乞い

一　はじめに

天童市山元の鈴立山・若松寺は七〇八（和銅元）年、法相宗の僧である行基が開山し、平安期に天台宗の慈覚大師円仁が山形市の立石寺を開山した折に、法相宗から天台宗に改宗した東北の名刹である。観音信仰で名高く、最上三十三観音の一番札所となっている。国重要文化財に指定されている「金銅聖観音像懸仏」や県有形文化財の室町後期の納札、天童市有形文化財に指定されている不動明王像等、寺宝が多いことでも有名である。この若松寺に倶利伽羅不動明王（古文書には「玖利迦羅明王」となっている）[1]と称する仏像が存在し、近郷の農民が雨乞いに使うため借りに来ることがあったが、像の台座は魚体になっており、倶利伽羅不動としては他に例のない姿をしていることは意外と知られていなかった（写真①参照）。筆者はこの魚体が山の神が好むオコゼを表現したものであると考える訳であるが、その発端は村山民俗学会の野口一雄、市村幸夫両氏の話であった。本節では、この仏像と雨乞い信仰について考察してみる。

二　雨乞いに使われる倶利伽羅不動明王

倶利伽羅不動明王は雨乞いに霊験ありと若松寺近郊の農民に信仰されてきた。先に述べた古文書(1)の『古社寺取調書（若松観音）』（明治二十八年七月）につぎのように記されている。「本尊聖観世音菩薩　脇立　玖利迦羅明王　本村小字阿古耶谷　方言雨乞沢ヨリ出験セリト伝聞セリ

右ハ旱魃ノ際此沢ニ下ロシ雨ヲ祈ルニ必霊験アリ　因テ道俗之ヲ称シテ此名アリ」

写真①　倶利伽羅不動明王
（像高97cm　魚体長48cm）

若松寺法務の柏倉亮昭師によると、かつて天童市山口、成生、貫津部落や河北町の農民が畑、果樹園、桑畑等に旱魃の被害が出て困り、倶利迦羅不動明王像を借りに来たとのことである。旧参道を降り

たところの古瀬川上流の「雨乞沢」と呼ばれるところに行き、農民たちはこの仏像に手で水をかけながら「雨たもれ」と唱え降雨を祈願した。仏像は青銅製でかなりの重さがある。多分、三〜四人で運んだのではないかと思われる。昭和十三、四年頃は盛んに借りられたとのことである。戦後も農協の人達が十五、六人ぐらいで借りに来ておったとのことで、最近では四、五年前にやはり農協の人達が借りに来たという。若松寺の方では仏像を貸すだけで祈雨の儀式を取り仕切ることはなかった。また、若松寺では倶利伽羅不動明王像を雨乞い祈願以外に用いることはなかったと言うことである。(2) この雨乞信仰がいつ頃から始まったのか、文献も伝承もないのでよく分からないのである。

三　天童市および山形県内各地の雨乞い習俗

倶利伽羅不動明王像を用いた雨乞いと各地の雨乞い習俗を比較してみる。旧津山小学校教師の山口藤助、村形香両氏による昭和三年頃から十五年頃までの現在の天童市津山地区の風土、歴史、文化、産業等の記録を基に編集された『津山風土記』(3) に「貫津の雨乞い」として、大要つぎのような事が記されている。昔、貫津村の地獄谷に住む村雲竜神（同書には黒岩竜神別名雨雲竜神ともある）が天童仏向寺中興の祖と言われる一向上人に済度された時の御礼としての衣などが寺宝として、仏向寺に残されており、仏向寺において雨乞いの祈願を行う際はこの寺宝を祭って雨乞いをする。貫津部落民は村雲竜神にまつわる伝説を信じ雨乞いするので、貫津の雨乞いは霊験あらたかであると近郷近在の人から言われていた。どのようにするかと言うと、上貫津、下貫津とも部落の雷神様の御神体を背負うだけである。しかし、ひどい旱魃の時は全戸から人が出て、先頭の人が旗を持ち、笛を吹き鐘や太鼓を叩きながら、皆大声で「大雨たもれ雨たもれ、おゆずん様から雨もらた」「大雨賜われ雨賜われ、お竜神様から雨貰うた」と呼びながら、隊伍を整えて練り歩いた。まず、黒岩竜神から雨呼山まで道もないところを鐘や太鼓を担いで登った。翌日は山寺の面白山の水源地まで、その翌日は若松観音様へ、またその翌日は虚空蔵山や畑谷沼まで、雨の降るまで雨乞いの行事を続けるという凄まじいものだったという。『津山風土記』には、次のようなことも書いてある。要約すると「今からおよそ七百年前、地獄谷湖水の水が次第に流出し去って、一滴の水もない現在のような涸れ谷になった。それで棲むことができなくなった黒岩竜神は女人に姿を変え、東北巡錫中の高僧一向上人の徳を慕い仏縁にすがり済度を願った。それで上人は里人もし旱魃に困窮する時は必ず雨を降らせることを約束させ、西南方の白鷹山の虚空蔵山腹にある畑谷沼の地に栖家を与え、その沼の主神としたという。これより以後、旱魃に苦しみたる際は必ず畑谷に雨乞いに行くこととなり、その度に雨を賜わらざりしことなかったという」。一向上人とは弘安元年（一二七八年）、時宗の仏向寺を開山するため迎えられた念仏僧である。

『山形県の祭り・行事』調査報告書(4)によると、天童市の仏向寺では境内の龍神堂を巡り雨乞いを行う。その後、上貫津の雨呼山山頂の奥の院に参り、小さな池の水に笹の葉をひたし、雨降りのしぐさをし降雨を祈る。祈りの言葉は「雨たもれ、雨たもれ、龍神様から雨もろた」である。または囃子で音を立てながら水神様（御堂）を参拝。おかみなり神社参拝。雨呼山山頂下の竜神様御前で雨乞いを唱える。臨時に行われており、最近では平成六年に行われたとある。さらにまたどうしても雨が降らないと、最後は「寝仏起し」が行われる。大勢の村人が集まり、寝仏なる板碑に太い綱をかけ、雨呼山の方を向いて「大雨たもれ、大雨たもれ」と囃子ながら寝仏を立てるのである。必死の祈願が目に見えるようである。なお、天童市川原子部落では旱魃の時、水神様を抱きかかえて乱川の中に入り、一斗缶を叩き「雨たもれ」と唱ながら水神様に水をかけたという。終戦直後まで行われたが現在は行われていない。竜神の話は聞かない。(5)

『山形県の祭り・行事』調査報告書で天童市以外での雨乞い儀礼を見ると、①竜神、水神、雷神への雨乞い祈願は村山市碁点、河北町、大江町、東根市、高畠町にあり、②これも竜神、水神信仰が基底に隠れていると考えられるが、葉山大円院の御田や沼をかきまわす（河北町）。龍ヶ岳の奥の院に参拝し、池の水をかきまわす（高畠町）。池や沼等を祈りながら棒で突付いて降雨を願う（小国町）。奥の院の沼に幟を立てて祈る（鮭川村）。池に御神酒、供物を供え、真裸になり柄杓で池の水を汲み出す。必ず婦人も混じる（温海町）。これらは沼や池に潜む竜神を目醒めさせるか怒らせて雨を降らせる儀礼なのではないか。大蔵村の馬頭観音堂では、四月末から五月にかけ、天気が順調であるように、男沼の近くで藁を焚き雨乞いをし天気祭りをする。八月十七日のお祭りには氏子が集まり、豊作と家畜の健康を祈願する。日照り続きの時には、男沼に魚や牛馬の骨を投げ入れると慈雨に恵まれるという。こういった儀礼に関して、『日本民俗大辞典』(6)には「神が怒って不浄を浄めるために雨を降らせるのだという説明を伴うことが多いが、大陸や朝鮮半島で盛んで、古代日本でも行われた動物供犠による雨乞い儀礼が、血穢観念の発達とともに解釈に変化が生じたとも考えられる」という説明がある。しかし出典は不明になったが、中国大陸の南部では雨乞いに虎の頭骨を沼に投げ入れ、虎と対立関係にある竜を怒らせ雨を降らせる。また日本南部のある地方では虎の代わりに牛の頭骨を用いるとある書籍を読んだ記憶がある。③山頂の祠に登山、祈祷する（村山市、新庄市、米沢市）。④神社等へのお籠り祈願（山辺町、小国町、酒田市）。⑤山の神境内での雨乞い踊り（山形市）。⑥地蔵様にシトギを塗る、水をかける、川の中に投げる（温海町）。以上の事例から、山形県内の雨乞い儀礼は竜神信仰をベースに置いている例が半数以上で比較的多いように考えられる。

雨呼山

筆者も「山形県の祭り・行事」調査の調査委員を委嘱され、河北町の北谷地地区を担当した。同地区の岩木部落では昭和二十七年頃まで旱魃の時は、地区青年会が主体となり、葉山大円院に登り、天狗の鼻をさすり、御田に行き、「ザンバラ、ザンバラ」と唱えながらかきまわした。年寄は第二引竜湖の上にあるつぼ沼に行き、柄杓で「ザンバラ、ザンバラ」と唱えながら、かきまわした。触れ太鼓を合図に寄付（カンケ）を集め、岩木観音に行き、降り竜の掛け図をかけて、「雨たもれ―」と大人が大声で唱えて祈祷した。その後、直会がもたれたという。(7)天童市域での雨乞い習俗には竜神伝説に基づく竜神信仰が顕著である。雷神や水神信仰はそれに付随したものと思われる。ただ若松寺においては竜神伝説も竜神信仰も観られない。その理由については次に考察する。いずれにしても、天童市周辺は全国的にも降水量が少ない地域とされ、農民にとって旱魃の恐怖は深刻で雨乞い信仰が盛んであった。

四　倶利伽羅不動明王が乗るオコゼと考えられる魚体

台座の部分が魚体になっている倶利伽羅不動は文献やインターネットで調べても見当たらない。どんな魚を表現したものなのか。若松寺に聞いても特に言い伝えはないという。筆者は表現された魚体から、山の神が好む海魚のオコゼであると判断した。根拠を挙げると、魚体に、①オニオコゼ（写真②参照）などのように体側に鱗がない。②目の構造がオニオコゼなどの特徴（眼隔域が広い、眼の周辺がもり上がる）をやや誇張的に表現したと考えられること。筆者は自製のオニオコゼの乾燥標本を見て確信した。③オコゼ類の皮弁（髭のような突起物）を表したと思われる角のようなものがある（一部欠損したと考えられる跡もあるが）。④オコゼ類に特徴的な猛毒を持つ背の刺が五本、剣を入れると六本、大きく表現されている。ただし、オニオコゼでは十六〜十八本と多い。造形上、単純化したものと理解される。⑤オニオコゼではじゅう毛状歯が多数あるが、鮫のように大きな歯が上下の顎に各々十二本ずつ認められる。山の神にとって神聖な数である十二にこだわり、歯を表現したものではないか。鮫の背には刺がないから鮫とは考えられない。以上の理由で、この魚体は、山の神の家来とか妻などと言われ、山の神の好物であるオコゼを表現したものと考える。

写真②　オニオコゼ剥製
（小国熊まつりで祭壇に供えられたオコゼ）2005年5月4日

五　オコゼに倶利伽羅不動明王が乗る意味の考察

『広辞苑』(8)を引くと「倶利迦羅不動は倶利迦羅竜王に同じ」とあり、「倶利迦羅竜王は不動明王の変化身で竜王の一種。形像は磐石の上に立って剣に巻きついた黒竜が剣を呑む姿を示し、火焔に覆われる。不動明王の持物の利剣と羂索とを合したもの、またその種子の形という。倶利迦羅明王。倶利迦羅不動。」とあり、「竜王は仏法を守護するものとする。」「八大竜王は法華経の密教で雨を祈る本尊とする。

会座に列した護法の竜神。水の神、雨乞いの神ともされる。」とある。『密教辞典』[9]の倶利加羅明王（竜王）の項目を引くと「竜王は不動明王の象徴。剣は外道を表す。」とある。『新・佛教辞典第三版』[10]、『日本仏像大全書』[11]でも、説明に大きな差異はない。真言宗の成田山のホームページ[12]は分かりやすいので要約して記しておく。「倶利伽羅不動明王像の剣は人々を惑わす邪（よこしま）な教えをあらわし、その剣に巻きつき飲みこもうとしている竜は、お不動さまの正しい智慧と力を現したものであり、その迫力に満ちた姿から今も広く信仰されています。」とある。すなわち、倶利伽羅不動明王像の剣は人々を惑わす邪説（外道すなわち仏法以外の教え）であり、剣に巻きつき、剣を呑みこもうとしている黒竜が不動明王の変化身である竜王ということになる。

この仏像のある若松寺は開山時、法相宗であったが、慈覚大師円仁により、天台宗となり真言密教が取り入れられた。倶利伽羅不動明王像の脇には天童市有形文化財の不動明王像が安置されている。密教では祈雨を行う本尊は竜王である。先にも述べたように天童市域では雨乞いに竜神信仰が伴うのが特徴的であるが、天台宗の若松寺には古くから水の神である弁財天が奥の院に祀られており、仏向寺のような龍神堂もないし、竜神伝説も伝承されていないのである。これは、若松寺の密教化に伴い、近郷の竜神信仰よりも仏法上の竜王信仰が重視され、倶利伽羅不動明王像が祀られて、農民達に信仰されるようになったからではないかと考えられる。

倶利伽羅不動明王（竜王）はなぜオコゼの上に乗っているのか。仏像を見ると竜王の巻き付く剣はオコゼの猛毒を持つ刺と同様に背から立っている。剣は先にも述べたように、人々を惑わす

写真④　倶利伽羅不動明王像の魚体

写真③　倶利伽羅不動明王像の上部側面

外道・邪説を表している。それではこの場合の外道・邪説とは何を指すのか。オコゼは山の神の好物で、山形県内では小国地方や庄内地方で猟師や漁師、山仕事をする人が山の神社に奉納する海魚である。獲物に恵まれることを祈ったり、仕事の安全を祈願したりする。こういった信仰は全国各地に見られる訳で、オコゼを山の神の家来とか妻と言っている地域もある。ただ、県内では村山地方と最上地方にはこのオコゼ信仰（習俗）は見られない。一応、外道・邪説を山の支配権を有する山の神もしくは、その好物のオコゼと考えてみる。すると若松寺の倶利伽羅不動明王は不動明王の智慧と力が山の神の力より優れており、竜王となって山の神を呑み込み、山の神の霊験をも兼ね具えていることを表しているのではなかろうか。魚体の上下の顎に各々十二本の歯があり、竜王の背には十二個の突起物が認められる（写真①③④参照）。これらは山の神にとって神聖な季節を表す数である。なお「第四章・山の神とオコゼ」の章で述べる青森県三戸郡田子町夏坂の住人源左衛門の『一人又魏』に出てくる「…山神の御親と申奉ハ山の神惣王神ニ而大日如来トならせたまふ云々」という文となんらかの関係があるのではないかと考えられる。

山の神も雨を降らせる力を持つことは先に記した県内の祈雨儀礼に、山の神境内で雨乞い踊りをする事例（山形市）からも窺える。オコゼはと言うと『日本魚名集覧第三部』[13]に一例だけ、静岡県沼津地方で、雨乞いに愛鷹山に登る際、オコゼを携行するとある。多分、山の神の祠に供えたのであろう。これは渋沢敬三の収集したオコゼ習俗二七〇例中ただの一例であり、希な事例と言えよう。

中国大陸や朝鮮半島においては、虎は山の神またはその使いとされており、竜と対立する関係にある。日本にも古代にその観念は伝えられており、『万葉集』の巻第十六につぎのような歌がある。「虎に乗り古屋を越えて青淵に鮫《みづち》取り来む剣大刀もが」。しかし、倶利伽羅不動明王の仏力、威力が山の神（オコゼ）だけでなく、虎にまで向かっていることを表しているのかどうかは何とも言えない。この青銅製の仏像には銘がなく、いつ、どこで作られたものであるのかも分からない。多分、県外から来たものであろうが、鋳造製なので、同じものがどこかに存在する可能性がある。湯殿山・大日坊と羽黒山博物館にある倶利伽羅不動は魚体に乗っているものではない。

今のところ、文献やインターネットの情報を調べても見つけることができないが今後の研究に待ちたい。オコゼとは考えられない大魚に乗った三十三観音の一つである魚籃観音は十七世紀の中頃に中国から長崎を経由して江戸に伝えられた(14)という例もあるので、広い視野でこの倶利伽羅不動明王像を調べていく必要があると思う。

六　謝辞

この拙文を書くにあたり、調査を許可され、雨乞いの事例等についてお話し下された若松寺法務の柏倉亮昭師、寺務の氏家正順師と倶利伽羅不動明王像の存在と古文書や文献等のご教示を下された野口一雄、市村幸夫両氏、御助言を賜った熊木成夫氏に感謝の意を表する。

注

（1）『天童市史編集資料』第33号　天童市史編さん委員会　一九八三年
（2）二〇〇六年十二月十日　若松寺法務柏倉亮昭氏、二〇〇七年五月十三日、六月二十二日
寺務氏家正順氏より聞取り
（3）『津山風土記』津山風土記編集委員会　昭和五十七年三月三十一日
（4）『山形県の祭り・行事』山形県教育委員会　平成十六年三月三十一日
（5）二〇〇七年一月三日　天童市川原子の伊藤新市氏より聞取り

（6）『日本民俗大辞典』吉川弘文館　一九九九年十月一日
（7）二〇〇一年十二月　河北町北谷地の升川光義氏より聞取り
（8）『広辞苑　第四版』岩波書店　一九九一年十一月十五日
（9）『密教辞典』法蔵館　一九七九年
（10）『新・佛教辞典　第三版』誠信書房　平成十八年五月二十五日
（11）『日本仏像大全書』四季社　二〇〇六年六月二〇日
（12）http://www.naritasan.or.jp/faith/qa/qa-009.html
（13）渋沢敬三『日本魚名集覧　第三部』日本常民文化研究所　昭和十八年二月十日
（14）矢野憲一『魚の民俗』雄山閣出版株式会社　昭和五十六年一月二十日

二　山形県の雨乞い習俗の諸相と変遷―資料分析を中心にして―

一、はじめに

筆者は平成一三年度に実施された山形県の「山形県の祭り・行事」調査の調査員を務める機会があり、河北町の一部地域を担当した。その地域では過去に雨乞い儀礼が行われていたことを知り、雨乞い習俗に関心を持つ契機となった。「山形県の祭り・行事」調査は山形県全域を調査対象としているので、その『報告書』[1]には雨乞い習俗についても全県下より採集されている。前節に書いたとおり天童市域には特徴的な雨乞い習俗が存在するか過去に存在したことが把握された。その後、山形地方気象台が昭和四九年に発行した『山形県の天気俚諺』[2]という冊子に山形県全域を調査対象とした「雨乞い」の事例が記載されていることを知った。この山形地方気象台の調査と県の「山形県の祭り・行事」調査には丁度三十年間の時間的経過が存在する。そこで、両者に採集された事例にはどの程度の存続と変化が認められるか、地域差は存在するのか検討してみる。また県下で報告された雨乞い習俗は庶民の生活、生業の危機意識から発した多種多様な儀礼・所作を生んでいる。その儀礼・所作に類型分けは可能であるかも考察する。なお、前節と重複する部分があることをご容赦いただきたい。

二、県内の雨乞い習俗事例

検討、考察するために用いた資料は次の三件である。

［資料1］（県内の雨乞い事例Ⅰ）は山形地方気象台が昭和四九年三月に発行した『山形県の天気俚諺』に報告された「雨乞い」事例である。編者は山形地方気象台の技官蜂谷秀男氏である。収集は昭和四六（一九七一）年秋、全県下くまなく、人家が存在する地域のメッシュ（網目）八四ケ所で行われた。調査員は郷土史家、民俗学会員、僧侶、神官、農業気象観測員、特別依頼、市町村経由での指定部落員、計二二五人に依頼し、九八名から情報の提供を受けている。雨乞い

事例は一〜二九番まで記載されている。(山形地方気象台の許可を受け、誤記を訂正して掲載した)

[資料2](県内の雨乞い事例Ⅱ)は、各市町村教育委員会から推薦のあった調査員が、県下を二〇〇地区に区分して、平成一三(二〇〇一)年度に調査し、提出された基礎調査表に基づいて山形県祭り・行事調査委員の監修を受け、県事務局が作成した『山形県祭り・行事基礎調査一覧』から、雨乞いに関する事例のみ抽出して筆者が作成したものである。存続状況は、A(盛ん)、B(ほぼ順調)、C(伝承危機)、D(廃絶)と表示されている。なお、発祥が昭和初期以降であることが明確なものは除くとしている。

[資料3](筆者が採集した事例)は筆者が河北町と天童市で採集したものである。採集した事例五、六、七は資料1と2にも記載されていないものである。

三、検討と考察

㈠、調査年度の違いによる採集例数と採集事例

資料1は昭和四六(一九七一)年度、資料2は平成一三(二〇〇一)年度にそれぞれ県全域を対象に調査されたものである。両者には三〇年の時間的間隔があるが、採集例数をみると資料1で二九例、資料2では二三例となっており、やや減少する。資料2で存続状況として、A(盛ん)はなく、B(ほぼ順調)が4例、C(伝承危機)が3例、D(廃絶)が11例で不明が5例と

なっている。廃絶した事例が約半数にのぼることからも漸減の傾向が窺われる。ただし、表1の「県内の地域別による雨乞い事例」から、資料1と資料2の両方に採集記載された事例は8例だけであり、それぞれのほぼ1／4〜1／3ということが分かる。なぜ、このようになっているのか。調査員の見落しの可能性が存在するのではないか。その一例として、筆者が採集した資料3の事例五、六、七は両方共に採集記載されていない。調査の方法もあると考えるが、廃絶の事例が増えているとは言え、それらを含めて、くまなく県全域を精査すれば採集例数は、両資料の数より増えるように思われる。

㈡、地域別から見た採集事例数

表1には地域別採集例数を示したが、資料2の欄では村山地域が一二例、最上地域が三例、置賜地域が五例、庄内地域が三例となっている。村山地域が他地域に比べ多く、最上地域と庄内地域が少ない。村山地域が水利に恵まれなかった過去の一面を物語っているのだろう。それに反して、庄内地域には水田が広い面積で存在するが、水利に恵まれたため雨乞い行事の報告が少ないと、昭和四九年の山形地方気象台の冊子『山形県の天気俚諺』にも記されている。しかし、それ以外の要素もあって、調査地区（調査員）の数も関わっているのではないか。資料2に市町村名と地区番号が記してある。これは「山形県の祭り・行事」調査では県下を二〇〇地区に区分して調査員を配属した。地域別の地区数は村山地域が七一地区、最上地域が一七地区、置賜地域が四

六地区、庄内地域が六六地区であった。最上地域が他地域に比べて極端に少なくなっている。このことが採集事例の減少に影響していないのか検証する必要があろう。

(三)、県内の雨乞い習俗儀礼・所作の類型

県内の雨乞い儀礼・所作は多種多様なので、一応、筆者なりの考えで表2のように分類してみた。分類の基準は雨乞い祈願の対象となる神仏の種類とし、それが不明瞭な事例は筆者の想定による。また儀礼の中で独特の所作があれば別項目とし、A~Oの項目に分けた。

項目Aは竜神、雷神、水神、権現様への祈願であり、項目Bには様々な儀礼・所作が含まれ、祈願対象の神仏も明らかではないが、御田や沼、池、滝つぼ、川などに棲むと思われる竜神や水神が想定される。項目Aと合わせると儀礼・所作の全体の過半数を占める。項目H・I・Jでは、山の神を意識した儀礼、所作ではないかと判断した。地域的には最上地方、北村山地方、置賜地方の山間部に近いところに偏在する特徴がある。項目Oについては、8は高畠町二井宿の大社神社での女の裸での雨乞いであり、⑩は村山市の碁点にある八大竜王神社の雨乞いの時、竜神様の気を引くため、村内の辻で女達（既婚者）が裸踊りをしたというものである。⑩は温海町（現鶴岡市）の暮坪立岩の雨乞い祭りで、立岩の中腹にある池に入り、必ず婦人も混じり、真っ裸で池の水を汲み出す儀礼である。なぜ裸の婦人が行うのか。その訳は⑩の事例に「竜神様の気を引くため」とあることは、それを説明する有力な根拠になると考える。ただし、似たような事例とし

て、神社で女相撲をとり雨乞いをする事例が他県にあるようで、神様が喜ばれて雨を下さるという説と神様が嫌う、怒って雨を降らせるという説をとる所もあるようだ。項目Mの寝仏を起こす儀礼と項目Nの山の神境内での雨乞い踊りは県内で二例のみの珍しい習俗である。

なお、(財)民俗学研究所編の『民俗学辞典』(3)では、雨乞いの儀礼を大別して、「お籠り」、「雨乞踊」、「貰い水」、「神を怒らす」、「女角力と百枡洗い」、「千駄焚」とし解説している。この類型分けはそれ以後の民俗学関係の辞典等でも踏襲されているようだが、高谷重夫は全国的に雨乞い習俗を研究し、『雨乞い習俗の研究』(4)を一九八二年に著した。山形県内から筆者が承知しない事例も載せており、貴重な大著である。その中に「雨乞法の類型分類試案」があり、五類型に大別し、それに附属して多くの項目を起こしている。類型のみ列挙すると、第一類（祭場・祭具の浄化、祭場標示）、第二類（神出御）、第三類（神饌・弊物）、第四類（神態）、第五類（芸能）としている。この類型に山形県の事例（資料1・2）を当てはめると表2の筆者の類型分けとは異なったものになる。高谷は資料に対する解釈が従来と異なるので、新しい分類試案を提示したと記しているが、解釈の内容については触れておらず、将来の機会に果たしたいとしているが、筆者はこれまでそれを承知していない。筆者は雨乞い祈願の対象となる神仏の種類を一応の基準としたが、議論の余地が充分にある複雑な問題である。

資料1（県内の雨乞い事例Ⅰ）昭和四六（一九七一）年秋　調査

『山形県の天気俚諺』（山形地方気象台昭和49年3月）を元に作成

番号	概要
1	部落で米を出しあって餅をつきこ餅にして代表を立て、権現様に供えてくる。滝つぼや沼の中に放り入れた餅が水底に沈むと願いがかなえられる証、もし水面に浮び上ってくるとうけ申されないと占う。（真室川町安楽城）
2	他村の滝つぼなどに女の物を投げ入れて水神を怒らせて雨を降らせる。（真室川町安楽城）
3	なえびらきの時、ひやけ田を持つ者は晴天でもひじりみのを着て朴葉飯（朴の葉に包んだ豆粉おにぎり）と御神酒を背負って次の所に供えてくる。 白禿の滝（真室川町小又） 青沢の川神権現（八幡町青沢） 朴山の雷神様（金山町） 佐渡のひらしげ沼（鮭川村） 宮沢（宮沢の沼かますと雨降るという）（真室川町）
4	牛の頭を川に流す。（飯豊町小屋）
5	竜頭神社（成生）にお参りし雨乞いする。（天童市成生）
6	日照りの時葉山に雨乞いすると雨が降る。（河北町溝延・谷地）
7	孝五郎沼という沼に棺の屋根を沈めると雨が滞る。（白鷹町鮎貝・蚕桑方面）
8	高島町二井宿の大社神社では女の裸の雨乞いが行われた。（白鷹町十王）
9	明治、大正、昭和初期、高畠町二井宿大社神社で盛大な雨乞いが行われた。上山市久保平をはじめ町内一円からも大勢の人が参拝して雨乞いしたが現在は行われていない。（上山市柏木）

10	農民が一定の場所に集合し、天童市石倉の不動様に行き、酒を不動様にかけ「大雨たもれ」「雨たもれ」と唱え、帰りにも「雨たもれ」と叫びながら歩き天童市の仏向寺の竜神堂に来て終るのが常であった.（近年まで実施）（天童市）
11	今から四〜五〇年前のことである。戸沢村角川の今神温泉に神秘な池があり、その池によく雨乞いに来たものである。鰊など口にして泳ぐとたちまち雲起こり雨となると伝えられていた。（今はなし）（最上郡一帯で信じられていた）（戸沢村角川）
12	大井沢峠下の雨沼をかきまわして雨乞い。（今はなし）（大江町田の沢、西川町大井沢）
13	部落民が集い雨呼山（天童市奈良沢）の龍神様に雨乞いに行った。雨呼山には小さな池がありこの水を木の葉などで散らし「大雨たもれ」「雨たもれ」を連呼し雨乞いをした。往復とも「大雨たもれ」「雨たもれ」「籠神様から雨もらた」を連呼した。（天童市干布）
14	干ばつの時雨乞い地蔵（木像高さ二尺）を浮島の沼に入れて雨乞いする。（今はなし）（朝日町大沼） 龍神様（唐金造り、長さ七寸）を水のはいった器物に入れ、龍の掛軸を床の間に掛けて雨乞いする。（現在あり）（朝日町大沼）
15	雨乞いは法印様のしごと（高畠町糠の目）
16	雨は山から来るから山おがみ（高畠町糠の目）
17	紙ののぼり（十本位）立て、神主がほら貝を吹いて村中を歩き、神社に雨乞い祈願した。この時よく酒飲み騒いだ。20〜30年前位まで行われていた.（のぼりに書いた文字は不明）（大石田町岩袋）
18	雨乞いと日和乞い（天気まつりともいう）は、村に近い高い山、滝、池、沼などに行って実施した。すなわち、神室山、八森山、権現山等で、この頂上に村人こぞって登り、盛に火をたいて、先達から祈祷してもらった。（最上地方）
19	山に行ってわざと木を折って騒ぐと雨が降る（神室山）山頂から石をころがすと山神が怒り雨を降らせる（金山町中田付近の山）という例もある。（最上部）

20	滝、池、沼では、今神温泉奥のお池、鮭川村日下の白ひげ沼、新庄市山屋奥の一の滝、最上町権現山の鏡池等が名高い。比処に入って、木片や馬の骨を入れて池を汚かし龍神を怒らせるのだといわれている。（最上郡）
21	虚空蔵様に登り、葬式用の鐘や太鼓を鳴らしお参りして雨乞いした。（60年位前まで実施）（飯豊町大平）
22	善宝寺の龍神様に雨乞い参りをする。（田川郡中部・北部）
23	丹生安久戸の農民数十名がそれぞれみのかさ着用、山刀鎌持参の服装で集合する。そして馬の骨、死んだ犬または猫をこもかむしろに包み運び、戸沢山の神の前に行きこの不浄物を捨てる。こうして山を汚し神を怒らせ雨を降らせたという（戸沢山は尾花沢市岩谷沢部落からや2・5㎞の場所にある。戸沢山は神の山といわれ、女人禁制で木の伐採、鳥獣捕獲も禁じられていた）（尾花沢市丹生・安久土）
24	村中総出で酒二斗樽五本に漬け物、大太鼓等を背負い山に登る（ほうこう沢―八〇〇m―の梓神社の奥の院、または羽山権現―五〇〇m―等に）法印の祈祷とともに、太鼓を叩き神酒を飲み「天竺の大入道雨の三石たもれ（賜はれの意）と口々にわめきながら一晩中焚火をして雨乞を行った。（米沢市万世町梓山）
25	河島碁点橋より五〇〇mばかり下流にある通称竜神様の社に村中各家より一名ずつの神参りを立て参拝におもむく、社殿において特別雨乞いの祈祷と称するものはしていない。（村山市河島一帯）
26	部落にある神社の前に村中のものが列を作り裸になって全員が頭から水をかぶって祈ると雨が降ってくる。（村山市内袖崎一帯）
27	尾花沢丹生村の寺か大石田町黒滝の寺に村民全員でまたは代表をたてて参拝させる。（神池参り）（村山市袖崎一帯）
28	水神様のところに村の衆が集まりおがんだあとで参拝者の中の女の人が「アメヨー、アメヨー」と大声で叫びさわいだ。（村山市袖崎一帯）
29	若宮八幡神社社宝青獅子に朝参りを一週間行い、なお照りが続けば地元三部落の若衆連が青獅子をかついで町を一巡する。この時宮司以下参加者は大太鼓の合図で「大雨たんまれよ」と呼びながら雨乞いをする。（東根市東根）

資料2（県内の雨乞い事例Ⅱ）平成一三（二〇〇一）年度　調査

番号	市町村名	地区番号	行事名	行事の中心場所	行事日	概要	状況
①	山形市	13	雨乞い踊り		旱の時	旱天が少し続くとすぐ水不足になったので、しばしば雨乞いの行事が村頭の山の神の境内で行われた。その時に踊ったのが雨乞い踊りで身ぶり手ぶり面白い踊りだったが、昭和59年に最上川の水が導水されてからは雨乞い行事はなくなった。	C（人材）
②	天童市	22	佛向寺 龍神祭り	境内龍神堂 雨呼山奥の院	8月5日 日照りの時	龍神堂を巡り雨乞いを行う。その後、市内上貫津の雨呼山山頂の奥の院に参り、小さな池の水に笹の葉をひたし、雨降りのしぐさをし降雨を祈る。祈りの言葉は「雨たもれ、雨たもれ、龍神様から雨もろた」。	
③	天童市	26	雨乞い	雨呼山 おかみなり 神社	7月（6月）	少なくとも明治時代から行われてきた。囃子で音を立てながら水神様（御堂）を参拝。おかみなり神社参拝。雨呼山山頂下の竜神様御前で雨乞いを唱える。臨時に行われており最近では平成６年に行われた。	
④	天童市	29	雨乞い行事 寝仏起こし	寝仏前	旱魃時	旱魃になると周辺の村々で雨乞い行事が行われる。どうしても雨が降らないと最後は「寝仏起こし」が行われる。大勢の村人が集まり、寝仏なる板碑に太い綱をかけ、雨呼山の方を向いて「大雨たもれ大雨たもれ」と囃子ながら寝仏を立てる。	B

⑤	山辺町	35	雨乞い祈願と行列	日枝仲仕～常照寺	長期の天照りの場合	神主・氏子総代等の役員が7日間、21日間等のお籠もりを交代で勤めて雨乞いの祈願をする。行列の出発前に日枝神社境内と秋葉山神社で大火を焚く。行列が日枝神社から常照寺まで練り歩く。御神輿を担ぎ、掛け声をかけながら練り歩く。	
⑥	河北町	43	雨乞い	葉山大円院 岩木観音 つぼ沼		旱魃の時に青年会が主体となり、葉山大円院に登り天狗の鼻をさすり、御田に行き唱えながらかきまわした。年寄りはつぼ沼に行き唱えながらひしゃくでかきまわした。ふれ太鼓を合図に寄付（カンケ）を集め岩木観音で祈祷し、その後に直会。	D（S27頃）
⑦	大江町	52	雨乞い	雷神杜境内	5月第1日曜（旧3月24日～30日）	参詣者が集まり神酒や野菜を供え神主が祈祷（現在は区長）。鏡池（神池）の水を掛け、神酒をあげ太鼓に合わせ「雷神様大雨たもれ雨たもれ」と叫ぶ。鏡池の水量はいつも減らず神石2つは動かしても離れないと言う。その後に直会。	C（人材・過疎）
⑧	大江町	52	雨乞い	雷神杜境肉	旧3月28日	雷神社講中と稲荷神社講中の別当と当番が主となり前日から準備。当日、大幟（「奉納大飛龍大権現」ほか5流）を立てる。神社には神石（人の形と独鈷形）を祀る。祈願をし直会をする。	B
⑨	村山市	54	雨乞い	甑岳の頂上	干害のひどい年	若者達と村役を勤めている人々で甑岳山頂まで登り、山頂の祠に雨乞いの祈祷をした。雨乞いをするときの唱え言葉があったが記憶している人はほとんどいない。村に帰ってからご苦労を労っての宴が開かれたと記憶している。	D（戦後）

⑩	村山市	55	雨乞い	碁点八大竜王神社	旱害に遭遇した時	金樹寺に集まり竜神の掛け軸を出して雨乞いに出かける旨を報告。五色の旗を先頭に各戸から一人以上出て竜神様まで行列する。神主が祈祷を上げ、全員拝礼。旗を持った人々と神主が大岩にあがり「大雨たもれ」と繰り返す。以前は村内の辻で女達（既婚者）が裸踊りをして竜神様の気を引いたという。	D（S30頃）
⑪	東根市	60	水神・竜神への雨乞い祈願	旧龍興寺境内の青龍権現堂	旧8月21日～8月24日	東根近郊の水田への水確保のため、龍興寺沼（旧東根城21丸堀）のすぐ近くにお堂を建立（文化4年）。当時としては東根地方最大の祭典（馬市・角力）と称された。三昼夜の祭礼は東根地方の祭りには類がない。	D（S10頃）
⑫	東根市	61				七～八月頃、旱天続きで用水が不足し旱魃になった時、村民申し合わせで雨乞いを行う例があった。村の若者は仏閣や山や川で雨乞いを行った。	D（S初）
⑬	新庄市	73	神室山（大田神・雷田・水田）信仰			神室山にかかる雲を見て天候を占い残雪の形から田植の時期を知った。日照りの夏は雨乞いをし、冷雨の時には登拝して天候の回復を願った。神室山は水の神、養老の神として崇められてきた。昔は男児が15歳になると神室参りをし、その頃は「行屋」に3日位精進したと古老は語る。	

⑭	大蔵村	83	男沼での雨乞い	馬頭観音堂	4月末～5月 8月17日	4月末から5月にかけて天気が順調であるように男沼の近くで藁を焚き雨乞いをし天気祭りをする。8月17日のお祭りには氏子が集まり豊作と家畜の健康を祈願。日照り続きの時には、男沼に魚や牛馬の骨を投げ入れると慈雨に恵まれるという。	B
⑮	鮭川村	84	白髭神社祭礼（雨乞い）	白髭神社	8月16日	現在は地区民（当番）が米、野菜、昆布、神酒を供え、参詣者と共に神職が祈願。かつてこの神社は雨乞いの神として知られ、奥の院の沼に旗を立てて日照りの時に祈ったという。近年、地区民と子供会による「御輿」まつりを実施。	B
⑯	米沢市	90	御羽山祭り	羽山神社	5月8日	毎年ではないが、旱魃の時に神社へ登り、鐘と太鼓を打ち鳴らし雨乞いをする。神主による神事の後、酒を呑み大声で「天竺の大入道雨三石たまれしょう」を唱える。戦前まで子供が7歳になると親が連れて成長を願い羽山へ登拝し木剣を作って奉納した。	
⑰	高畠町	106	雨乞い天気祭 風送り	二井宿大社神社境内	時に応じて	日照りが続くと大釜で湯を沸かし笹で裸衆に掛け、雷神様に「華」を献じ神がかった人が問い口し唱えるという。大雨が降り続けば火の華を一俵程起こし天気祭りを、大風が吹けば幣束を木に結わいつけて帰ってくるという風送りをした。	D（S30代）

⑱	高畠町	107	雨乞い	竜神様境内・奥の院（龍ヶ岳）	旱魃の時	旱魃の時、龍神様境内に集まり太鼓を打ち鳴らし雨乞いの祈祷を行う。効果がなければ、代表が龍が岳に登り奥の院に参拝し池の水を掻き回して帰ると必ず雨が降ったと伝えられている。平成になってからも2回、雨乞いの神事を行っている。	C
⑲	小国町	122	雨乞い・			十二山神社に氏子が篭もり雨乞いをした。	D（S15）
⑳	小国町	123	雨乞い			夏の日照りが続き、灌漑用水、生活用水が枯渇した時、村中総出で池、沼等を祈りながら棒で突付いて降雨を願った。玉川地区で戦中に竜ケ岳の山頂や大里と御下麓の小さな池で行っていたことがある。	D（S20）
㉑	温海町	171	暮坪立岩の雨乞い祭	立岩中腹の池	随時	立岩は昔から雨乞いに霊験があることで広く知られている。麓の神社で祈祷し、立岩の中腹の池にムラのおもだち、人足の村人が登り、池に御神酒・供物を供えて拝んで御神酒をいただき、真っ裸になり柄杓で池の水を汲み出す。必ず婦人も混じる。	D（S45）
㉒	温海町	174	峠ノ山の雨乞い地蔵様	小国川の川岸等	随時	早朝、地蔵を作った五十嵐家に集合し供物を供え雨乞いし御神酒をいただく。裃姿の五十嵐家の主人に背負われた地蔵様を先頭に小国川の岸に至り米のシトギを口々にかみ地蔵様に塗りつける。主人が岩の上に立って地蔵様を捧げ持つと村人が水を掛け、川の中に投げると川に飛び込む。これを繰り返すことが2～3時間にも及ぶ。	D

㉓	酒田市	177	雨乞い	滝野沢不動様		東平田は大きい川がないので水に苦労した。記憶にあるのは昭和15～16年頃の旱魃の夏、滝野沢地区の不動様の滝の前で延命寺の住職がなんぼばんげも夜ごもりして祈祷した。頻繁に行われたものではない。	D（戦前）

（存続状況）
A：盛ん　B：ほぼ順調　C：伝承危機　D：廃絶

『山形県の祭り・行事』（山形県教育委員会平成16年3月31日発行）から雨乞い習俗事例のみ抽出して作成

資料3（筆者が採集した事例）

○　河北町北谷地吉田・岩木・岩枝地区の雨乞い習俗

事例一、岩木地区では昭和二十七年頃まで、旱魃の時には、地区青年会が主体となり、葉山大円院に登り天狗の鼻をさすり御田に行き。「ザンバラ、ザンバラ」と唱えながらかきまわした。年寄りは第二引竜湖の上にあるつぼ沼に行き、柄杓で「ザンバラ、ザンバラ」と唱えながらかきまわした。ふれ太鼓を合図に寄付（カンケ）を集め、岩木観音に行き、降り龍の掛け図をかけて「雨たもれー！」と大人が大声で唱えて祈祷した。その後、直会があった。吉田地区でも昭和十六年頃まで、法師川の沢に行き祈祷したという。

（北谷地吉田の升川光義氏より聞取り、平成十三年十二月）

事例二、岩木の山口地区（現在十五戸）では、戦前から昭和二十七年頃まで、若い衆（青年団）が雨乞いのため、葉山の大円院から八丁坂・百万ドルのドウダン・弁慶のつり石を登り、お花畑のところにあるどっこ沼（御田）をかき回して来た。溜池が十二〜十三あったが、現在は埋め立てられて四ヶ所になった。昔は二毛作で麦と水稲か陸稲を作った。その為田植えが遅くなり、八月いっぱいまで潅漑用水が必要だった。

（岩木山口の元保健婦Hさん（八十五歳）より聞取り、平成二十年十月二十二日）

事例三、葉山への雨乞いは、引竜第二溜池ができる昭和二十七年頃まで続けられた。田植えの五月頃登った。不思議と山を降りる帰りには雨が降ったものだった。つぼ沼は今の引竜第二留池のすぐ上にあったが、埋められてなくなった。姥様があり、温かい水が出るところで雪も積もらなかった。

（岩木の「子供見守り隊」の壮年二人から聞取り、平成二十年十月二十二日）

事例四、雨乞いは葉山のどんこ沼（御田か）に、青年団員十人ぐらいで登り、「雨たもれ！」と唱えて、手で水をかましに行った。引竜第二溜池完成以前の終戦後のことだ。

（岩枝地区で会った壮年より聞取り、平成二十年十月二十二日）

○天章巾の雨乞い習俗

事例五、若松寺法務の柏倉亮昭氏によると、かつて天童市山口、成生、貫津部落や河北町の農民が畑、果樹園、桑畑等に旱魃の被害が出て困り、倶利伽羅不動明王像を借りに来たとのことである。旧参道を降りたところの古瀬川上流の「雨乞沢」と呼ばれるところに行き、農民たちはこの仏像に手で水をかけながら「雨たもれ！」と唱え降雨を祈願した。仏像は青銅製でかなりの重さがある。多分、三～四人で運んだのではないかと思われる。昭和十三、四年頃は盛んに借りられたとのことである。戦後も農協の人達が十五、六人ぐらいで借りに来ておったとのことで、最近では四、五年前にやはり農協の人達が借りに来たという。若松寺の方では仏像を貸すだけで祈雨の儀式を取り仕切ることはなかった。

（若松寺法務・柏倉亮昭氏より聞取り、平成十八年十二月十日）

事例六、蔵増地区では、自分が小さい頃（昭和十年代）、水田の水は矢野目の倉津川から引いておったが、苦労が多かった。天童市干布の地蔵様を青年団長が盗んで来て背負い「雨たもれ！」と唱えて雨乞いをした。警察官が追いかけて来たもんだ。

（蔵増の元教員O氏より聞取り、平成二十年十月十三日）

事例七、川原子地区では、旱魃の時、水神様を抱きかかえて、乱川の中に入り、一斗缶を叩き、「雨たもれ！」と唱えながら、水神様に水をかけた。終戦直後まで行われた。

（川原子地区の農業伊藤新市氏より聞取り、平成十九年一月三日）

表1　県内の地域別による雨乞い事例

地域	資料	番号	計	1、2両方記載（※）
村山地域	資料1	5、6※、9、10※、12、13※、14、17、24、26※、27、28、29、30	14例	4例
	資料2	①、②※、③※、④、⑤、⑥※、⑦、⑧、⑨、⑩※、⑪、⑫	12例	4例
最上地域	資料1	1、2、3※、11、18※、19、21	7例	2例
	資料2	⑬※、⑭、⑮※	3例	2例
置賜地域	資料1	4、7、8※、15、16、22、25※	7例	2例
	資料2	⑯※、⑰※、⑱、⑲、⑳	5例	2例
庄内地域	資料1	23	1例	なし
	資料2	㉑、㉒、㉓	3例	なし

※印：資料1、2の両方に記載されているもの

表2　県内の雨乞い習俗の儀礼・所作の類型

項目	儀礼・所作	「資料1」の番号	「資料2」の番号
A	・竜神、雷神、水神、権現様への祈願	1 3 5 10 13 14 23 26 29	②③⑥⑦⑧⑩⑪⑰⑱

B	・池の水を裸で汲み出す ・山の御田や沼・池をかきまわしたり、笹の葉で雨降りのしぐさをする ・沼を棒で突付く、幟を立てる ・沼や滝つぼ、川に牛馬の骨や魚、棺の屋根を投げ入れる、女の物を投げ入れる ・沼の近くで藁を焚く	2 3 4 6 7 11 12 13 21	② ⑥ ⑭ ⑮ ⑱ ⑳ ㉑
C	・寺や神社での祈願・お籠り、大火を焚く、神輿を担ぎ練り歩く	9 17 28 30	⑤ ⑥ ⑫ 19
D	・不動様に祈願する	10	㉓
E	・神社で裸になり、頭から水をかぶる	27	
F	・神社で湯を沸かし、笹で裸衆にかける		⑰
G	・虚空蔵様や羽山に登り祈願する	22	⑯
H	・山頂の祠に登山し、祈祷する、火を焚く	18 25	⑨ ⑬
I	・山を拝む	16	
J	・山の木を折って騒ぐ、山頂から石をころがす、不浄物を山の神の前に捨てるなどして、山の神を怒らせる	19 24	
K	・葉山の天狗の鼻をさする		⑥
L	・地蔵様にシトギを塗る、水をかける、沼や川の中に投げる	14	㉒
M	・寝仏を起す		④
N	・山の神境内で雨乞い踊りをする		①

○	・女達の裸踊り、裸の雨乞い 〔注〕複数の儀礼・所作を含む事例が存在する。	8	⑩㉑

注

（1）山形県教育委員会『山形県の祭り・行事』（平成一六年三月三一日）

（2）山形地方気象台『山形県の天気俚諺』（（財）日本気象協会山形支部、一九七四年三月三〇日）

（3）（財）民俗学研究所『民俗学辞典』（東京堂、昭和二六年一月三一日）

（4）高谷重夫『雨乞習俗の研究』（法政大学出版局、一九八二年三月三〇日）

第三章　山形県の竜女伝説

一、はじめに

山形県村山地方の雨乞い習俗を調べてみると、竜女伝説を含むものが天童市の雨呼山の麓にある貫津地区に特徴的に存在する。弘安元年、仏向寺を開いたとされる一向上人による時宗一向派の布教との関わりが窺われる。雨乞いとは関わらないが、類似の竜女伝説は天童市以外の寺院にも伝えられている。また『瀧山縁起』にも龍女は登場する。竜女伝説の成立ちについて、仏教教義の展開と土着の民俗風土を考慮しながら探ってみる。

二、竜女伝説の事例

県内に伝わる伝説のうち、天童市、村山市、鶴岡市（旧藤島町）の三話を取り上げて検討してみる。天童市には類話[1]が数話存在するが、須藤義雄が記した代表的な一話を取り上げる。

〔事例一〕縫目《ママ》なしの衣　龍姫物語[2]（天童市）

（前略）

一向上人が、成生城主藤原頼直の招きをうけて、今の津山東禅寺《ママ》（写真参照）の近くまで来た時、

（中略）

来て見ると、寺は大荒れしているので教へ《ママ》を導く必要を感じ、堂守のお祖父さんと相談して、上人自ら村人の先頭に立って美しく清め、念仏修行に七日七夜の説法をはじめることにした。

その第一夜、嬉《ママ》んで集まった村人の中に、このかいわいでは全く見かけない、真黒な長い髪に白く美しい顔の、柳の葉の様な美しい眉をした十六、七位の娘がうつむき加減に両手を合わせ一心に拝んでいる姿があった。やがて説法も終わり村人が帰ろうとした時には、すでにその姿はなく、村人は不思議に思っていました。ところが、二日目も、この有様に薄気味悪くなった一同が上人にこの事をたづ《ママ》ねになると、上人はうしろを見なかったがとうに気付いておられ、人々を縁側に連れて行ってみると、娘が通った跡は、ぬれた雑巾を引きづ《ママ》った様に長く水気がひいていた。そこで

東漸寺跡（天童市）

驚く村人を一生懸命しづ《ママ》めて上人は「今すぐはつきりしたことは言ひかねるが、ただ仏の道を有難く思っているもので有ることはわかる。だから御心配なくお帰りなされ」と言って村人を帰した。

三日目の夜である。念仏している上人を優しく呼ぶものがある。ふり返って見ると、噂の娘であった。そして目に一ぱいの涙を溜めで「わたくしは魔ものであるが、我が身の恐しさをつくづく感じて来た」と語り「私はこの山奥の村雲の池に住む龍でございます。今までジャガラモガラに捨てられた村の年よりを食べてきたが、去年おぢ《ママ》いさんを捨てに来た親子があって、かついで来た棒を、子供がお父さんを捨てるとき、つかうから持って帰ろうとしたので、その子の父は悪い村の習慣に気がつき、おぢ《ママ》いさんを連れて帰りました。それを見てから孝行な賢い子供に教えられた様に私も悪かったことに気がつきました。そこにお上人様がお出で下されましたので、お力にすがって天に昇ろうと決心したのです」との話し《ママ》に、上人は「よく気がつかれた。それでは天に昇る導きをしてあげよう」と申すと、龍姫は「有り難うございます御上人様、それでは私の覚った印にあの村雲の池を一晩のうちにほしてしまいませう。然しそうなると、この辺の人々が旱魃の時に苦しむかも知れません。これは縫目《（ママ）》なしの衣です。どなた様でもこの衣を着て、この山に登り雨乞いをすればきっと雨を降らせませう」と上人を導いて村雲の池に行きました。

上人はその源に立ってお経を読み、龍姫は坐ったままで手の《ママ》を合わせていました。そうすると今まで静かだった池の水が、にわかに動き始めたと思う間に渦巻きがごうごうと巻き起こり、雲が池の上一ぱいに広がり、稲光が光ったかと思うと大粒の雨が降りました。

「お上人様それではお別れいたします」と云ってざんぶと許り池の中に龍姫が飛び込むと、すでに龍姫の姿はなく、黒い雲が龍巻《ママ》きから湧き上がったやうに天高く昇って行ってしまいました。

その次の日は日本晴のよい天気で上人が村雲の池に行って見ると、昨日まで満々とたたえられていた大池の水は一滴もなくなっていました。

この龍がお念仏に行く時に、自分の姿か《ママ》人間になっているかどうかを見る為に、途中の淵で姿をうつして見たのが、今、桂淵と言はれるところで、桂はカホツラで、ツラは方言でカホと云う意味から考えてカホツラが桂とちぢまったと言う説もあるまた、そこの川を上る鱒には不思議に首の周りに珠数の様な斑らが有るので、珠数掛鱒と言はれ、お観音様に参り来るのだから補《ママ》えて食べると大きな祟りが有ると、村人は決して補《ママ》えないと言はれております。

（注）（ママ）は原文の通り引用

〔事例二〕塩常寺のあんばい杓子(3)（村山市）

むかし、カイアミ上人という和尚がやってきて、河島の舟久保というところに小屋をたて、説教を行っていた。そこに、毎晩どこからともなく美しい女が現われ、熱心に聞き入り、終ればまたすうっと消えてしまう。最後の晩、和尚が問うたところ、女は「私は碁点の川底の龍宮に住むものだが、あなたのお陰で悟りを開くことが出来た」といい、そのお礼にと、寺を建てる材木千本と、杓子と、縫《（ママ）》目のない衣を授けてくれた。

舟久保に塩井戸という井戸があるが、この杓子で汲むと、不思議に水が塩辛くなるという。また、千本の材木を置いたところが千角坊であり、これで建てた寺が塩常寺である。この杓子と衣は、後に、天童市の仏向寺に納められたという。

〔事例三〕方副寺の竜神（仮題）[4]（鶴岡市・旧藤島町）

山形県東田川郡東栄村（現藤島町）には昔、広漠たる沼地があって、主の竜王がその中に棲んでいたそうである。現在の方副寺はこの沼を背にして建っていた。住職が毎日読経すると竜神が現れて岸の柳に登って聴聞したが、これは戒脈を得んがためであった。そのことを悟った住職が有難い戒脈を授けたので竜は喜んで池の中に消えたが、忽ち女神となって現れ、光明不惑の珠と縫目《（ママ）》なしの法衣を寺に残して去った。主のいなくなった沼はやがて涸れて田となったが、珠と法衣は近年まで寺宝として伝えられていたという。

三、『宝樹山称名院仏向寺縁起』[5]の竜女

天童市に伝えられている『縫目《ママ》なしの衣　龍姫物語』等に出てくる竜女伝説とほぼ同じ内容が仏向寺の縁起にも記されている。伝説と縁起の成立の前後関係は明確でないが、弘安元年（一二七八）に成生庄に下向し、仏向寺を開いた一向上人による時宗一向派の布教と共に、一向上人と竜女の伝説が語られるようになったと考えられるので、ここで長文になるが『縁起』を取り上げる。（原文のまま）

宝樹山称名院仏向寺縁起

（前略）

童子七歳の春、父永泰松童丸に語りての玉ひけるは、汝ち胎内に宿りしはしめ、母不思議の夢を得て汝を生り、汝の出家の願ひ、是又一世の事にあらさるべし、空敷俗家にとどめ置かは、冥の照覧も恐れあり。今は汝が心に任せて菩提の華を求むべしとて寛元三年乙巳二月十五日、播州書写山へぞ登せ玉ひける。書写の別当崇俊阿闍梨は、世に名高き知識にして、操行比類なかりしかは、童子常随給仕して、昼夜の学問怠り玉はす。蛍雪鑽仰の功つもり、妙経の八軸、天台の六十巻残りなく伝へ給ひけり。（中略）

聖人の高徳一時に響き、専修一行の道俗、市の如くに群衆せり。爰に天童の城主、（系図には治部大夫とある）修理大夫源の頼泰、父頼直の命により、城外成生の庄に清浄の地をゑらひ、七堂伽藍を建立し十八坊を立、地領千石寄附せられ、上人を安居し奉る。即ち宝樹山称名院仏向寺是なり。桃李の花の物いはて、小みちを開くためしとて、道俗貴践群集して、異口同音に念仏するさま、宛も鼎の涌に異ならす。化導倍々盛んにして、不思議の瑞相を感見し、或者夢中得益に預り、往生を遂るもの其数を知らす。其の中に道場より辰己に当りて、黒岩が嶽と云う山あり。此山の半過て、村雲の池とて湖水あり。この池に年久しく住める竜女あり、上人の高徳を慕ひて夜な夜な来て説法を聴聞し奉る。上人しろしめし玉ふにや、初夜勤行の終り毎に、うごめく虫の類ひまても、十方衆生の御本願にもれさる事を、いと懇に説法し給ふ。然るに或中夜の勤行に、仏前の扉を忍ひやかに音信す。門徒の人々不思議の思ひをなして聞き見るに、十六、七の美しき女性、しづしづと入り来り、上人の御前に拝伏して、いとも哀れに云ふけるは、恥かしなから、我身の上を申上奉りて、御教化にあつかり度、是迄参詣仕りて候也。この御堂より東南に当って、黒岩ヵ岳と中山の池に、年久しく住める竜女にて候。上人の御徳を慕ひ奉りて、夜な夜な此御堂へ参り、御教化を承り、称名の功徳に依て、今は三熱の苦を免れ候。是偏に上人の御慈悲、海山の御恩、難有そんし奉る。猶願くは、未来の一大事を委く奉り、御血脈をも戴き度そんし奉ると、涙と共に願ひけれは、上人憐み給へいとねんころに教化ましまし、三国伝来の血脈を渡し、十念を授けられしかは、竜女歓喜の涙を流し、上人を拝し奉りて云ふけるは、われ上人の大悲によりて、畜身を転して、微妙の境界となるへし、其験しには、年久しく住る処の湖水なれは、明日忽ちに早潟《ヒカタ》となるへし。いかなる大雨にも、水の溜る事あるへからす。さりなから、当郡は往昔より、渇水の処多く有て、我に雨を乞ふ事久し。われ今竜身を転して解脱すとも、師の法孫にいたり、雨を乞い玉ふならは、必す降して高恩を報し奉らん。我れ誓ふ、未来際を尽すとも、この願空しくは、永く成仏せすと。僅かなる紙に手印を残し、是を証しなりとて、上人に奉り、涙と共に礼拝して、直に暇を乞ふよと見へしか、堂前にて消失せぬ。爾より以来、当山代々の住侶、旱魃の時は、彼の山に登りて祈願するに、其験しなしといふ事なし、是末代迄の奇特也。其外荻野戸村正法寺にて勤戒の奇端、米沢尾土嶋の化益、石仏寺五智五仏の因縁、塩常寺の霊像、又高木村清水の流れ沢の因縁、十二の面重宝等の次第、枚挙に暇まあらされは、是を略す。（後略）

四、『瀧山縁起』(6)の龍女

仁寿元年(八五一)慈覚大師円仁の開山と伝えられる瀧山の『瀧山縁起』に龍女や水牛が登場する。稲作の普及と共に水田の開拓と用水堰の普請が進む中で発生した水に関わる信仰が窺われる。

瀧　山　縁　起

(文政十年・原文のまま)

抑々瀧山大権現と申しますは、往昔孝安天皇の御宇、仁寿元年慈覚大師この出羽国に参られ滝山を眺められて峯に翁の面岩あり、大師奇異に思召され、山に進みて御覧じ給ふ、即ちこれ神農の面なり、是薬師如来の御山なりと、山を経廻りしに数々の不思議あり、夜は山中火の光にて明らかに、時々龍馬いなゝく聲聞え、翁面の岩の下に至る時、十五、六才位の女子が来たりて此の山は、我が山なり、早く帰り給えと言ふ、大師の言ふ、我は是月本国中を経廻し一切の衆生を助けん為なり、汝いかなる者ぞと正体を問い給えば、其の女子答えて言ふ、我此の山と等しく此の山に住まんとて、何年といふ其の数を知らず龍女なりと言ふ、然らば麓なる池を住所として水を湧し諸人の助となるべし、然らば末には我に等しき出家が出現すべし、其の時天上すべしと仰ける。

明れば安永の頃、鉄山と言ふ僧の援助にて天上しける。（中略）
大師の籠り給ふ、岩窟を御秘蔵の御室と号し、側に二十余丈の石の橋あり、其れより更に山上に進み給ふ所に山入り八分程になった所、池の中より大いなる牛あらはれ此の奥えは通すこと叶はず、是より帰るべしと申す。
大師曰く、我は是一切衆生を助けん為、山々谷々に経廻する憎なり、汝水牛として、此の山奥に住むや。
牛が言ふには、我水牛なるが土牛を嫌い此所に往むと言ふ。
大師曰く、然らば一里四方えは牛を入ること禁制、赤倉岩の池に住むべしと仰せける。（中略）
然して大師当山の水、諸方え配ばり、用水とし、田地耕作させ、御穀繁昌なさしむと、則ち彼の三百坊に命じ赤倉山続き、山の神、山の水堰普請あり此の水にて田地出来する。上野村、是なり、以前は田なし、牛が窪、大沢山の流れ、用ゆる所半郷村なり、前より田あり、宇津の沢堰普請なされ、此の水にて田地出来たる所山田村なり、以前田なし。羽龍池、出坪の水堰普請あり、此の水にて田地出来たる所飯田村是なり、以前は田なし、大瀧沢より小山沢、谷地の水残らず一筋堰にして飯田堰と並道を掛樋を以て飯田堰を越し、此の水用ふる所は成沢村以前田なし。三本木谷地峯平なる所なり、切水を通し是にて諸人助かる所桜田両村より、山中、谷地、沢等残らず集まります所及なき権せき、山数、百挺の掛樋をかけ此の水にて田地出来する所岩波村、横根と申す所なり。

瀧山大権現、四方山麓諸村、米の田作り水の大利益、村民安住、神霊無現を仰。合掌

五、『石行寺縁起』(7)の山鬼

和銅元年(七〇八)、行基菩薩の草創、慈覚大師の中興と伝える石行寺の縁起には山鬼なるものが登場する。竜女を考える上で参考になるので取り上げる。

『石行寺縁起』抄

寂莫《じゃくまく》たる霊場、恰《あたか》も補陀落山の如し。薩埵粤《さったここ》において、伽藍を建立せんと欲して、地を卜《ぼく》せしむ。山鬼許諾せず。卒《つい》にもって、降伏す。既に乾澤《かんたく》に蔵《かく》る。

六、竜女伝説の成立過程を考える

『石行寺縁起』には、山鬼すなわち山中に怪物が住んでおり、伽藍の建立に抵抗したが遂に降伏して乾澤に隠れたとある。石行寺開山前に一帯の山地を支配する山寺の磐司磐三郎的人物が存在したことを意味する。「乾澤に蔵る」とは、沢または泉のある水に恵まれたところに住んでいたが、そこを追われたと解釈できる。

『瀧山縁起』には、「十五・六才位の女子が来たりて此の山は我が山なり、早く帰り給えと言ふ」、「我此の山と等しく此の山に住まんとて、何年といふ其の数を知らず龍女なりと言ふ」とある。天童市の伝説『縫目なしの衣　龍姫物語』と『宝樹山称名院仏向寺縁起』では、十六、七位

の娘が登場し、正体は山奥の村雲の池に住む魔もの、龍であると語らせている。ここに、山鬼に代わって竜（龍）女・龍姫が登場するのであるが、『瀧山縁起』と『縫目なしの衣　龍姫物語』双方に共通することは、竜女は水あるいは雨をもたらす存在として語られており、水稲栽培と深くかかわる中で竜神（竜女）信仰が発生してきたことが分かる。また『仏向寺縁起』や「伝説」では、竜女は、縫目なしの衣を残し、雨乞いの時、必ず雨を降らせることを誓ったり、光明不惑の珠を残しているのである。後に詳述するが、ここに『法華経』の影響と時宗一向派の布教の形跡が読みとれるのである。一向上人（一向俊聖）は若くして、妙経の八軸（法華経）並びに天台の六十巻を学んだことが『仏向寺縁起』に記されている。

『妙法蓮華経　提婆達多品第十二』(8)には娑竭羅《しやから》竜王の女《むすめ》（竜女）が海中で『妙法華経』の説法を聞き、世尊（釈迦如来）を礼拝して、詩頌《しよう》を唱える。その中で「われ大乗の教を闡《ひら》きて苦の衆生を度脱《すく》わん」と誓い（「竜女の誓」と言う）、世尊にひとつの宝珠を献上する。すると竜女は忽然《こつぜん》の間に変じて男子と成り、成仏したことが説かれている。

『仏向寺縁起』では、天童市の雨呼山の村雲の池に住む竜女が十六、七位の美しい女性に化け、上人の徳を慕い、血脈を戴きたいと願い出ると、上人はねんごろに教化し、三国伝来の血脈を渡し、十念を授けられた。すると竜女は「上人を拝し奉りて云ふけるは、われ上人の大悲によりて、畜身を転して、微妙の境界となるへし、（中略）当郡は往昔より、渇水の処多く有て、我に雨を乞ふ事久し。われ今竜身を転して解脱すとも、師の法孫にいたり、雨を乞い玉ふならは、必ず降して高恩を報し奉らん。我れ誓ふ、未来際を尽すとも、この願空しくは、永く成仏せすと」また『縫目なしの衣　龍姫物語』では、一向上人が念仏修行の説法を始めると、美しい眉をした十六、七位の娘があって、「私はこの山奥の村雲の池に住む龍でございます。今までジャガラモガラに捨てられた村の年よりを食べてきた」「わたしは魔ものであるが、我が身の恐ろしさをつくづく感じて来た」「そこに上人様がお出で下されたので、お力にすがって天に昇ろうと決心したのです」と言い、「この辺の人々が旱魃の時に苦しむかもしれません、これは縫目なしの衣です。どなた様でもこの衣を着て、この山に登り雨乞いをすればきっと雨を降らせましょう」と誓う。これらは、世尊ではなく一向上人が竜女を成仏させる内容であるが、先に述べた『法華経』の中の「竜女の誓」を淵源にしていると考えられる。また、『方副寺の竜神』では、女神（竜女）が光明不惑の珠を寺に残したとあることも、『法華経』において、竜女が世尊にひとつの宝珠を献上したこととと対応する。

時宗一向宗派の布教の形跡と関わることは『仏向寺縁起』に登場する一向上人と竜女の話が『縫目なしの衣　龍姫物語』等の伝説として、雨呼山の麓にある天童市貫津地区を中心に語られ、農民の雨乞いと深く結び付いてきたことからも分かる。仏向寺には寺宝として「縫い目無しの衣（袖無編衣）」が存在し、近年まで仏向寺の竜神堂において雨乞いがなされてきた。また、『塩常寺のあんばい杓子』には、カイアミ上人が村山市河島の舟久保で説教を行っていると、美しい女が現われ、「私は碁点の川底の龍宮に住むものだが、あなたのお陰で悟りを開くことが出来た」

と言い、お礼にと寺を建てる材木と塩水を汲むことができる杓子と「縫目のない衣」を授けてくれた。「この杓子と衣は、後に天童市の仏向寺に納められたという」とある。さらに仏向寺との関係は不明であるが、『方副寺の龍神』にも「縫目なしの法衣」が登場する。これらは、雨乞いと関わらない竜女伝説である。

このように、村山地方においては、おそらく古代には『石行寺縁起』に記されている磐司磐三郎的人物とも考えられる山鬼が住し、山地一帯を支配していたが、水稲栽培が導入されると水神、竜神信仰がもたらされ、仏教特に法華経の影響を受けて竜神信仰に竜女が登場するようになる。そして、時宗一向派の布教と竜女が結びつき、竜女伝説が形成される。それが天童市の雨呼山周辺で農民の雨乞い習俗に取り入れられ、現代に至っていると考えられる。この完結型の竜女伝説は他県に例を見ない、本県の村山地方に特徴的なことと考えられる。

注

（1）「黒岩竜神」「ジャガラモガラの傳説」（『津山風土記』津山風土記編集委員会　昭和五十七年三月三十一日『大天童の歴史と傳説』）

（2）『大天童の歴史と傳説』（天童郷土研究会・天童ペンクラブ）編　昭和三十一年春発行

（3）大友義助・武田正編「最上川物語」『季刊民話』一九七五年〈春〉第一巻第二号、一声社

（4）山形東高等学校郷土研究部編『山形伝説集』第四輯
（5）『成生庄と一向上人―中世の念仏信仰―』天童市立旧東村山郡役所資料館　平成九年九月三十日発行
（6）前田熊夫『蔵王地区郷土史』昭和五十六年二月五日発行
（7）東北芸術工科大学公開講座
入間田宣夫『瀧山信仰の歴史と文化』資料　平成二十年十二月二十日
（8）岩本裕・坂本幸男訳注『法華経（中）』岩波書店　二〇〇七年九月二十五日発行

第四章　山の神とオコゼ

一　再考・山の神とオコゼ

一、はじめに

いわゆる山の神信仰は九州から東北地方まで広く分布する民間信仰である。北海道には和人の開拓者が持ち込んだもの以外ないと言うアイヌの人達がいる。ただし、ヒグマを山の神とする。日本の各地で、狩猟、漁労、農耕に利益をもたらす神として信仰され、山林業、建築業、鉱業に従事する人々にも信じられ、安産、縁結び、家内安全の神ともされている。御神体は大山祇神や木花開耶媛《このはなさくやひめ》であることが多く、ところによっては岩や巨木の場合もある。また神像は男神または女神、あるいは夫婦神として表現される。山の神は春は里に降りて田の神となり、秋には山に帰ると信じられている地域が多く、複雑な神格を持つ神である。

山形県内では山の神信仰はおもに山村地域にみられるが、平野部の田園地帯や海辺の集落にも存在する。最上《もがみ》地方の社の祭壇には、男子が誕生した時奉納した木製の人形《ひとがた》や木製や石の陽物、丸い石等が供えられているのを見かける。置賜《おきたま》や最上地方では正月にノサ（ヌサ）を奉納する。庄内《しょうない》や置賜の小国《おぐに》地域では、漁師やマタギがオコゼを山の神に奉納する習俗がある。

さて、山の神はオコゼという魚を好むという言い伝えが、山の神信仰に伴って全国各地に分布する。特に猟師は、山の神の異常なまでのオコゼへの愛着と執着を利用するかのごとく、オコゼの干物を持参し、オコゼを山の神にちらつかせて獣を出してくださいと祈った。東北地方では秋田県の阿仁《あに》マタギや岩手県遠野の鉄砲打ちなどがオコゼを猟に持ち歩いたことが知られている。持ち歩かないまでも、マタギがオコゼを山の神社に奉納し祈願する地域もある。

それではなぜ山の神はオコゼを好物とするのか。その理由については、種々の言い伝えや俗説があり、民俗学界においても諸説が出されてきた。しかし、いまだに定説がないと言われている。この問題について検討を加えてみる。

二、山の神がオコゼを好む理由を説明した諸説

代表的な説を挙げてみると、

(1) 山の神は醜女なので醜貌な魚であるオコゼを見て、自分より醜い顔をしたものがいると優越感を感じ喜ぶからという俗説。

(2) 美味な魚であるから山の神が好むという俗説。

オコゼ

（紺野嘉右衛門家所蔵、山形県白鷹町、守谷英一氏撮影）

(3) オコゼが鋭い刺を持つことから、猟師が獣を射殺または突殺するのに利益を及ぼすという白井光太郎の説[1]。なお白井は柳田国男に私信で、猟師の珍重するオコゼはハナオコゼに外ならないと知ったと述べている。

(4) 白井光太郎の手紙を受け、ハナオコゼを地方によってミコウオ、キミウオと言うことから十分な証拠はないが、巫女の持ったTotem（霊代）の一種と思うという柳田国男の説[2]。

(5) オコゼの毒棘刺傷性を畏怖した上での堀田吉雄の男根（串）説[3]。

(6) オコゼの習俗はたった一つの基本的思考から展開してこなかったのは確実であるが、それでも男根の要素がかなり強いと思われる。それにオコゼは背びれに十二本の刺があるから供物としての人気を高めたというネリー・ナウマンの説[4]。

(7) 古い農耕民の山の神伝承として、オコゼを仲立ちに山の神と海の女神が婚姻したというものがあるとする千葉徳爾の説[5]。また、中国大陸や朝鮮半島との関係を示唆した論者がいることをつけ加えておく。柳田は『山神とオコゼ』[6]のなかで、「読者諸君の尽力でオコゼの方面から山神の信仰を研究したいと思う。この一点からでも日本と朝鮮・満州との関係が大分明らかになることと信じている」と書いている。中村禎里は『日本動物民俗誌』[7]のなかで、つぎのように述べている。「日本の説話や風習がしばしば大陸の影響をうけていることはよく知られている。しかもサカナについていうと、その漢字表記と日本名のあいだに錯綜が多いのも事実である。オコゼの漢字には螣をあてるが、そのつくりの鰧は中国ではサメを意味する。しかもその本字の鰧はサカナの干物を示す。干物はもちろん、サメのばあいは生きたままでも腐敗しにくい（矢野憲一、一九八三）。したがって、鰧・鰧は海からはなれた山中に運ぶのに適していた。かりに中国の山神に干サカナなどを供える習慣が存在し、それが日本に入り鰧・鰧が螣と混同された可能性はないだろうか。また螣は中国において竜の一種である。螣にも神異をふるうサカナの意味がひそんでいたのかもしれない」。またネリー・ナウマンは『山の神』[4]のなかで、中国大陸や朝鮮半島と関連すると考えられる山の神信仰の習俗について種々論考している。

三、「オコゼ」の実体

「オコゼ」とは何なのかをまず明らかにしておく必要がある。日本各地で「オコゼ」と呼ばれる動物はなにか。図鑑等で調べてみると魚類を中心に様々な動物が出てくる。標準和名でオコゼの名をもつ魚はオニオコゼ、ダルマオコゼ、ヒメオコゼ、キミオコゼ、ハオコゼ、ハナオコゼなどである。地方名（方言）でオコゼと呼ばれる動物もいる。この分野の研究は渋沢敬三『日本魚名集覧（全）[8]』に詳しいので一部引用する。また魚類図鑑に地方名が記載されているのがある。たとえば、ミノカサゴ、エボシカサゴ、、ヒメヤマノカミ、タツノオトシゴ、クロメバルなどの海水魚やカジカ、ヤマノカミ、ドンコ、アカザなどの淡水魚（川と海を移動するものもいる）、魚類以外ではキセル貝の一種や片耳裂傷した鹿の耳をヤマオコゼと呼ぶ地方もあり、毛虫をオコゼとかオコジョと呼んでいるところもありオコゼは多様である。なお、オコジョという標準和名を

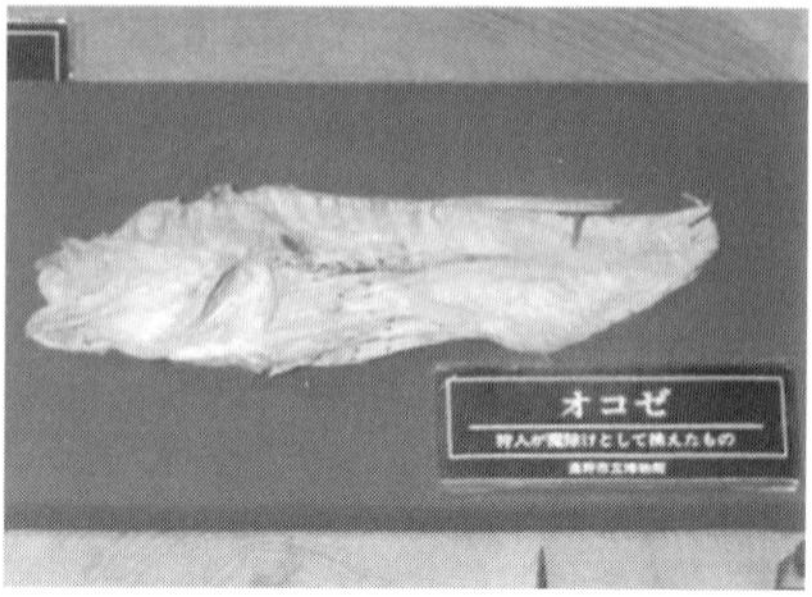

オコゼ
（遠野市立博物館所蔵　平成３年７月撮影）

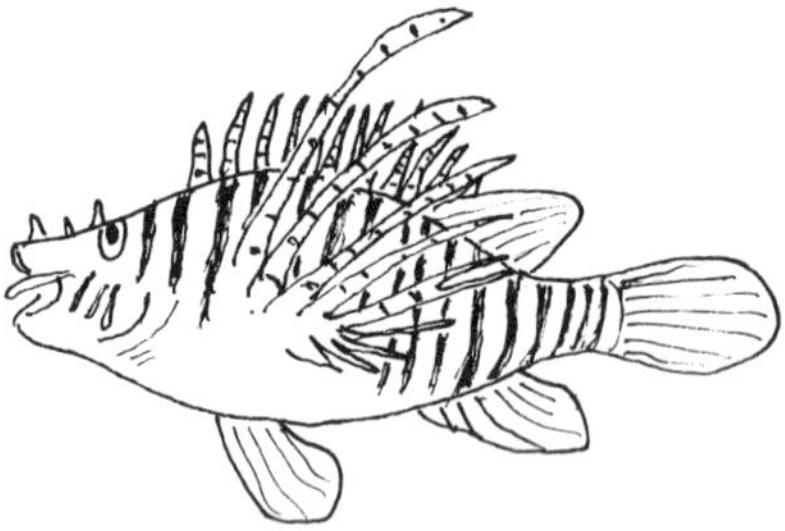

ミノカサゴ

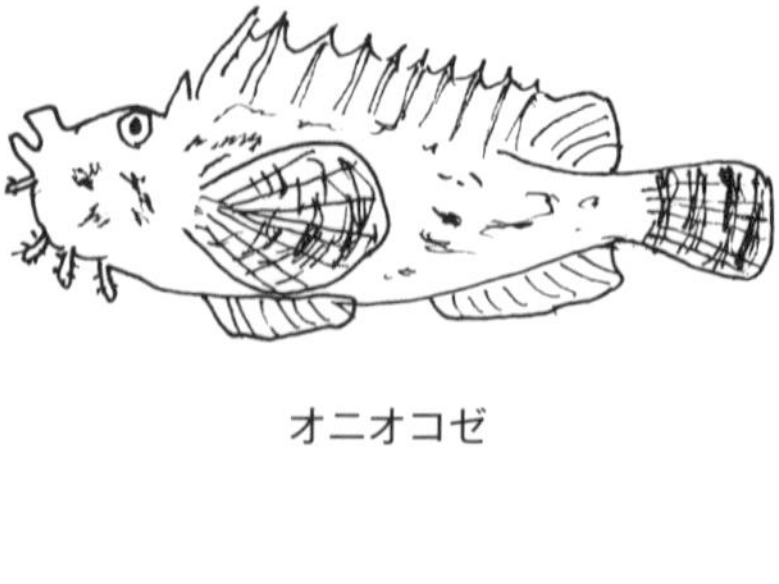

オニオコゼ

もつ哺乳動物もいる。

これらの多様な動物に共通する特性はなにだろうか。山の神がオコゼを好む理由を考える上で整理してみる。
① オニオコゼ、ミノカサゴ、ハオコゼ、アカザなどは背びれや胸びれの棘《きょく》に強い毒をもち、刺されるとかなりの激痛を覚える。
② オニオコゼ、ダルマオコゼなどは不格好な醜い体形をしている。
③ ミノカサゴ、ヒメヤマノカミなどは体側にしま模様があり、色彩も鮮やかで華麗な姿をしている。オニオコゼなどとは対照的な体形をもち、共通点と言えば棘に毒をもつことである。『紀伊続風土記』ではヲコゼ（オコゼ）に虎魚の文字を当てているが、体側のしま模様は一見虎斑を連想させる。
これらの魚類の生息分布は、オニオコゼは日本各地、東シナ海、南シナ海で、ミノカサゴ類は太平洋側では千葉県以南、種類により北海道南部以南、日本海側では能登半島以南とされ、西・中部太平洋、インド洋にも分布する。
④ 毛虫は毒をもつものもあり、刺されると痛む。なお中国では虎を毛虫祖とも言う。
⑤ キセル貝、鹿の耳はいずれも前述した動物と共通する形質上の特性はないように思われる。ただ、キセル貝は韓国で虎が煙草を吸う時に使うという言い伝えがあるそうだ。中国では虎のことを李耳とも呼ぶ。そのわけは虎は李氏の化したものだからであり、獲物の動物を食う時、

耳だけは食わずに残すという。

⑥ オコジョという哺乳動物は長野県の中部山岳地帯から東北、北海道の山地帯に生息する小動物である。ネズミの他、自分の体より大きな動物を捕えて餌にする俊敏な動物である。山形県の月山《がっさん》山麓では福を授けてくれる動物とされており、捕らないという古老の話である。なお、アイヌはエゾオコジョを山幸を授けてくれる狩りの守り神として、木幣に包み祭壇に納める。(9)

四、山の神信仰の中国大陸・朝鮮（韓）半島との関係を示す文献

オコゼ習俗が西南日本に濃く分布し、北日本の東北地方では局所的に分布する傾向がある。また北海道にはないと言われる。前述したように、柳田、ネリー・ナウマン、中村らは大陸、半島との関連を示唆しているが、文献上、これを裏づける資料はないであろうか。

『風土記逸文（伊予国）』につぎのことが書いてある。「伊予の国の風土記に曰く、乎知の郡。御嶋。坐す神の御名は大山積の神、一名は和多志の大神なり。是の神は、難波の高津の宮に御宇しめしし天皇の御世に顕れましき。此神、百済の国より度り来まして、津の国の御嶋に坐しき。云々。御嶋と謂ふは津の国の御嶋の名なり」。山の神社に祭神として祀られる大山積《おおやまつみ》の神は朝鮮半島の百済から、今の大阪府高槻市三島江に渡来し、その後、愛媛県の大三島に移ったとの内容である。これとは別の解釈もあるようだが、素直に山の神信仰が渡来したと受けとるべきである。日本国内の山の神がすべて百済由来とは言えないまでも、渡来神であることを示す重要な文献と

言える。

ネリー・ナウマンは『山の神』[10]のなかで、つぎのように記している。『倭訓栞《わくんのしおり》』には「山神にをこじ見する」という俗諺に「鰧似レ鯰帯レ鬣刺十二、以應二十二月一、故大岳神好レ之」という『河南通志』からの引用があることを紹介している。ネリー・ナウマンは鰧という魚がなんであるか明確にできずにいるが、オコゼとの前提で、十二本の刺を持つので大岳神（山の神と解される）は、十二の数が季節を司る山の神の観念と一致しており、この魚を好むのであるとしている。筆者は鰧という魚がオコゼ類なのか、後で分析を加えるが、中国大陸にも山の神が特定の魚を好むという謂れがあったようで、それが日本に影響を与えた可能性が考えられる。

五、日本と朝鮮半島（韓国）の山の神信仰の類似点

『風土記逸文（伊予国）』に百済から大山積の神（山の神）が渡来したとあるので、韓国の山の神信仰の概要を文献からまとめ、日本と比較してみる。本来は実地調査をした上で書くべきであるが、筆者にはまだその機会がない。平凡社版『朝鮮を知る事典』[11]によると、「山神は巫俗の神々の中でも、最も霊威のある神とみなされ、虎を従えた白ひげの老人姿の山神像が流布しており、村の守護神として祭られており、子授けの神として信仰されている。山神を若い女性姿の神とする伝承も少なくない」とある。また、朴銓烈「韓国の山神・王権・民衆―弓の村と雁の村」（歴史公論3）[12]によると、「山は三国時代およびそれ以前の部族国家の始祖伝承以来、聖域であり、

また、始祖は開国の業をすますと山神となり、後孫を守護することになる」。「時により、男神になり、女神にもなり、仏教とも巫俗とも結合したり、産神、山の人参、虎、岩石などに変身しながら、民衆を身近で守ってくれる山神は韓国民間信仰を理解するための鍵となっているといえる」。「農耕民のおもな祈願対象である山神は、天、穀、祭の実生活の面においても、人びとといろいろな縁で結ばれており、山神は基本神あるいは多目的の神と理解することができる」。「山神は個人のためには子さずけの神や安産の神の役割も引き受けたり、山の民の守護神として、いまは珍しい存在である火田（焼畑）民の守り神にもなり云々」。「民衆のイメージとしての虎は山神の使い役をして、時には変身した山神として、人間に有用なことをもたらしてくれる存在だったのである」。「虎が住んでいる山にはかならず山神も住んでいるとされており、山神図というといつも山神は虎とセットになって描かれている」などとある。『魏志東夷伝』の濊に「虎を祭りで以って神と為す」とあるから、古い時代から虎と山神の信仰があったと考えられる。

日本の山の神信仰との類似点はかなりある。男神または女神であり、白ひげの老人姿や若い女性姿として表現されるのは日本と同じである。村の守護神として祀られること、農耕民の神、山の民（猟師や樵《きこり》など）の守護神、焼畑民の守り神、子授け、安産の神として信仰され、部族の始祖が山神となり、子孫を守護するという。日本においても、江戸時代、築堤や造林を行い、民衆に敬われた庄屋がその人物の名前を冠した山の神として、山形県の河北町に祀られていること など大きなちがいがない。ただ異なるのは、山の神が虎または山の人参に変身することである。

虎は山の神の使いにもなっている。山の神は『古事記』では白猪、『日本書紀』では蛇に変身している。日本で山の神の使いとされる動物は狼、猪、猿などである。

つぎに山の神への供物をみると、日本では一般に餅、シトギ、ボタモチ、団子、ワカメ、ダイコンなどであるが、韓国では金聖培『韓国の民俗』(13)によると、稲梁黍稷で飯、ソルギ（米の粉をコシキで蒸してつくったモチ）とコントク（米のモチ）、ワカメ、ダイコン、セリ、チョンガク等を使う。そのほかブタの頭、牛肉またはブタかウシの肝臓あるいは海魚ただし生魚でなければならないという。餅やシトギ、ワカメやダイコン（特に近畿・九州地方）での共通性がみられるし、海魚（生魚）を供える習慣は日本でも漁師がオコゼなどの生魚を供えることと類似する。なお、江陵《カンルン》の端午祭では神を降ろすのに干メンタイ（スケトウダラを干したもの）を使う。

六、中国の山の神信仰と虎

中国大陸においても虎は竜と共に信仰上の重要な位置を占めてきた。日本で出土した龍虎鏡（後漢～三国時代製作）、盤龍鏡（後漢時代製作）には虎と竜が描かれており、佐賀県唐津市の久里双水古墳から見つかった盤龍鏡には子孫の繁栄を表わす「子」の一文字の銘があった。『本草綱目』には「海中の虎鯊よく虎に変ず」とある。虎に変身する虎鯊とはサメなのだろうか。オコゼ類と関係ないのだろうか。虎は人間にとって恐ろしい動物だから、中国では様々な言い方をされる。黄斑、獣君、山君、李耳、大虫、斑子、毛虫祖などであり、それぞれの呼称に謂れがあるようである。上田信著『トラが語る中国史』(14)によると、福建省のある村の東岳殿と呼ばれる守護神を祀るお堂に猟師が幾日もこもり、生臭いものを口にせず、一心に祈ったところ、本尊である温公が夢に現われ、虎が再び山を下りる日取りと場所を告げた。そして、そのお告げのとおり虎を捕ることができた。村人は守護神のおかげだと剥いだ虎の皮を温公に奉納し、神像が座る椅子に掛けることにした。百年も前のことであるが、現在もその虎の皮が残っている。また湖南の石榴仙と呼ばれる土地は神山とされ、虎は神仙の使者として殺すことが禁じられている。なお、中国ではオコゼ類が「虎」の文字を持つ名称で呼ばれている。オニオコゼは日本鬼鮋(別名・老虎魚)、ミノカサゴは環紋蓑鮋(別名・棕須虎)、ダルマオコゼは獅頭毒鮋(別名・虎魚)、カジカの仲間のヤマノカミは四鰓鱸、花鼓魚、沙胡子、石虎魚などである。これらの魚が虎のイメージとダブるのはなぜだろうか。なお、『捜神記』の「華山神の使者」に縞《しま》模様の石が特別な石として登場している。

七、日本の山の神信仰と虎

『日本書紀』には欽明天皇の六年(五四五)に百済から退治した虎の皮を持ち帰ったとあり、『万葉集』の巻第十六にはつぎのような歌がある。

愛子《いとこ》　汝背《なせ》の君　居りをりて　物にい行くとは　韓国《からくに》の
虎とふ神を　生取りに　八頭取り持ち来　その皮を　畳に

刺し　八重畳　云々
虎に乗り古屋を越えて青淵に鮫竜《みつち》り来む剣大刀もが

万葉の時代になると朝鮮半島の隣国で神として崇める虎についての知識が広まりつつあったようである。

国府祭「座間答」の儀式（神奈川県大磯町）

日本には虎が生息しないためか、山の神が直接虎に変身する話は伝わっていないが、つぎのような興味深い文献が存在する。千葉徳爾の『狩猟伝承研究—総括編』[15]に、青森県三戸郡田子《たつこ》町夏坂《なつざか》の住人源左衛門の『一人又猦』を紹介しているが、そのなかに「とらの神の御子に山ハおんゆつりあそバされ候て　山神者天に上り給ひて山神の御親と申奉ハ山の神惣王神ニ而大日如来トならせたもふ云々」というものである。とらの神の御子が山の神になり代わったということであろうか。この「とらの神の御子」とは何なのか、はっきりしないが、日本においても山の神信仰に虎が関わっていたことを示す重要な資料と言える。また、大日如来が山の神の惣王神として登場してくる。

「座間答」の巫女

東北の岩手、宮城、青森の各県に虎舞という民俗芸能がみられる。筆者は宮城県中新田町《なかにいだ》の虎舞を見ているが、火伏せの行事としてなかなか勇壮なものである。岩手県に多く、静岡、熊本、鹿児島各県にも分布するという。岩手県では、「虎は一日千里行って千里帰る」と言われるので、漁師や舟乗りの航海安全、豊漁祈願、火伏せの意味が込められているのである。

神奈川県大磯町《おおいそ》で毎年五月五日に行われる国府祭《こうのまち》の「座問答」では、虎の皮が祭礼儀式の用具として使われる。神揃山《かみそりやま》の数坪ほどの祭場の地面に楢の小枝を挿して行なうが、大磯町は照葉樹林帯に属しているので、落葉樹の楢を使うのは夏緑樹林帯たとえば朝鮮半島などから伝わった儀式であることを意味しているのだろうか。永田衡吉の研究(17)によれば「国府祭自体が朝鮮の山祭儀式に酷似した農耕儀式であり、座問答は金精(勢)神の下で虎皮を呪具として行う問答であり、虎皮は御床を意味する」としている。最後に巫女の御告げがある。

八、山の神がオコゼを好む理由を説明した諸説の検討

○山の神は醜女なので醜貌を呈するオコゼを見て、自分より醜い顔をしたものがいると優越感を感じ喜ぶという俗説。

日本各地でオコゼと呼ばれる動物は多様であり、オニオコゼのような不格好な魚も含まれるが、ミノカサゴ、キミオコゼ、ヒメヤマノカミなど美しい体形をもつ魚がオコゼとして尊ばれているのが実情で、醜いからと理由づけするには無理がある。古くはオコゼをオコシまたはオコジと呼んでいたが、古代に物部尾輿《おこし》大連という人物が実在した。位の高い人物であったから、醜い魚の名前を借りて名乗ったとは考えられない。現在でも鹿児島県では普通の若い女性を「さつまおごじょ」と呼ぶそうである。オコゼは古くはコシとも言ったから、痴《おこ》の意味にもならない。

○美味な魚であるから山の神が好むという俗説

たしかに神も美味しいものを好むだろう。オニオコゼは肉が上質で高級魚とされるが、他にもっと美味しい魚はタイをはじめとして多い。ミノカサゴ類は食用になるものもあるが特別美味しいわけではない。むしろ観賞魚として珍重される。「美味しいから」だけでは満足に説明できない面がある。

○オコゼが鋭い刺をもつから、猟師が獣を射殺または突殺するのに利益を及ぼすという白井光太郎の説

猟師が獣を射殺または突殺するのにオコゼの刺にある強い毒にあやかろうというのであれば分

かるが、山の神が好むのはなぜかという点の説明が十分でない。

なお、白井は柳田国男に猟師が珍重するオコゼはハナオコゼに外ならないと私信で述べているが、このハナオコゼは現在、標準和名でハナオコゼとされている魚なのか、それとも地方名（方言）でハナオコゼとも呼ばれるミノカサゴなのかということになる。柳田が白井の手紙を受けて、ハナオコゼは地方によってミコウオ、キミウオとも呼ばれると記しているのでミノカサゴであることが分かる。

○十分な証拠はないが、巫女の持ったTotem（霊代）の一種という柳田国男の説

ハナオコゼ（ミノカサゴの地方名）が地方によってはミコウオ、キミウオとも言うことを理由に挙げての説である。多分、一部の地方で巫女が祭祀に使ったのは間違いないだろう。ただ、どういうTotemであるのか説明されていない点、残念ながら説得力に欠ける。

○オコゼの毒棘刺傷性を畏怖しての堀田吉雄の男根（串）説

ネリー・ナウマンも同様に男根説に傾いているが、はたしてオコゼ類は男根に見えるだろうか。ミノカサゴ類は背びれと胸びれが伸びていて、美しい蓑をまとったような優雅な姿をしている。また体にはしま模様の虎斑のようなものが顕著である。遠野市立博物館所蔵のオコゼの写真は体側のしま模様が退色しかかっているが、多分ミノカサゴの仲間だろう。筆者にはミノカサゴ類は、生きたものはもちろん、干したものでも男根には見えないのである。オニオコゼはどうかと言うと、生きたものでも、干したものでも筆者には腹側から頭部の方を見れば、魚類共通の形態とし

て、男根に見えなくもない程度である。しかし、普通、動物を見せる場合、腹側を中心に見せるということはないのではなかろうか。縄文時代の遺跡から男根状の石棒が出土することから、多分、男根は豊穣や豊漁に呪力をもつと信じられていたのだろう。現代においても失せ物を捜す時、男根をさらす風習は山形県の筆者の住む河北町に五十年ぐらい前まで存在した。男根の呪力を信ずる習俗が山の神に石や木製の陽物を奉納する習俗に変化してきたのだと思う。ほとんどの山の神社に陽物は見られるので、オコゼ類を男根に見立てる必要はないのではないか。

○男根の要素がかなり強く、オコゼは背びれに十二本の刺があるから供物としての人気を高めたというネリー・ナウマンの説

男根説は前述したように適当と思えないが、ネリー・ナウマンはオコゼの背びれに十二本の刺があることで山の神への供物としての人気を高めたと、『倭訓栞』に引用されている『河南通志』の一節を紹介している。十二という数字は山の神にとって神聖な数で、季節を司る神の観念と合致する。中国大陸の山の神についての観念が日本に伝わったとすれば、日本の山の神信仰の様々な習俗と由来がよく理解できる。ただ、ネリー・ナウマンは『河南通志』の一節にある鱖という魚種をよく検討せず、「おこぜ」としている。そこで鱖という魚はなになのか、魚類分類学的に検討してみる。漢和辞典『漢語林』（大修館書店）によると鱖は淡水魚のあさじ（オイカワ）としている。しかしオイカワは『河南通志』にあるような「鱠に似た鬣」もないし、「十二本の刺」もない。ネリー・ナウマンは「Kuei」ともしているので、クエを調べると鬣はなく、

背びれの刺（棘）は十一本である。胸びれ棘はない。つぎにネリー・ナウマンが引用している学名 Anchilognathus intermedius が一番の手掛かりになるはずなのであるが、現在は使用されておらず検索に役立たない。鱖の音から、ケツギョとコウライケツギョを調べると、両方とも鬚はない。背びれの刺（棘）数はそれぞれ十一〜十二本と十二本である。胸びれ棘は数本である。朝鮮半島や中国の淡水系に分布する淡水魚で、極めて美味なので朝鮮半島では「王の魚」と言われる。しかし、これまで挙げて検討した魚はいずれも『河南通志』にある鱖の特徴を満たしていない。それではオコゼ類はどうかというと、オニオコゼはあまり長くない鬚のようなものをもつが、背びれ棘は十六〜十八本と多い。胸びれ棘はない。ミノカサゴは短い鬚のようなものを持ち、背びれ棘は魚類図鑑では十三本となっているが独立した棘が十二本あるようにも見える。胸びれには棘がない。キミオコゼは短い鬚のようなものを持ち、背びれ棘は十二本で、胸びれ棘はない。ハナミノカサゴは短い鬚のようなものを持ち、背びれ棘は十三本で、胸びれ棘はない。棘には背びれ棘と胸びれ棘があるが、『河南通志』でいう「刺十二」とは背びれの棘を指すのだろう。背びれ棘で見ればキミオコゼが十二本であるから一番合致する。ただしこの魚は日本では高知沖以南にしか生息しない。体長は約十四センチでオコゼ類では一番小型である。毒も持っていない。つぎに、ミノカサゴとハナミノカサゴが背びれ棘十三本となっているが、顕著な棘は十二本にも見えるから「刺十二」にほぼ合致する。ミノカサゴは背びれに毒をもつ。さて総合的に見て『河南通志』の鱖の特徴を備える魚はとなると、キミオコゼ、ミノカサゴ、ハナミノカサゴのミノカサゴ属の魚類と言える。ただし、中国大陸の淡水系の魚類については検討の対象になっていないものがあることに留意する必要がある。

○山の神と海の女神の婚姻譚に基づく千葉徳爾の説

岡山県のある地域ではオコゼが山の神の妻であると言っている(18)。高知県物部《ものべ》村には山の神と竜宮の乙姫との婚姻譚があり、この山の神と海の神を会わせたのがオコゼの次郎だとされている(19)。それが変質する過程でオコゼが海神そのものに転化し、山の神とオコゼの婚姻譚が成立したとも解釈できる。この場合、山の神は男であり、海神(オコゼ)は女という位置づけになるようである。物語性があり分かりやすいから流布したとも考えられる。

九、まとめとしての私見

古代において、山の神信仰とその習俗が朝鮮半島や中国大陸から伝わったことはすべてと言えないまでも事実であったと考える。その理由は大山積の神(山の神)が朝鮮半島の百済から渡来したことが『風土記逸文(伊予国)』に見えるし、韓国と日本の山の神信仰の有様が、韓国で山の神または山の神の使いとされる虎は別として非常に共通性があること。大岳神(山の神)が十二の数を神聖なものとする観念が中国の『河南通志』に見えるが、それは日本においても同様であることなどである。したがって、日本において山の神にオコゼを供えたり、猟師が獲物を得るためオコゼを見せたりする習俗――いわゆる山の神がオコゼを好むという観念――も大陸や半島に起源がないか、または影響を受けていないか検討してみる必要がある。

まず第一に、ネリー・ナウマンが指摘するように『河南通志』に大岳神は鱖という魚が十二本の刺を持ち、一年の十二ヶ月に応じているから好むのであると記されている。ネリー・ナウマンは留保しているが、筆者はこの鱖という魚がなにであるか記されている特徴から分析して、日本ではオコゼとして一番人気の高いミノカサゴ類に最も近いと判断した。中国では大岳神に鱖という魚をどのように扱い供えたのだろうか。泰山の女神（山の神とも解される）に地元の人々が供える鯉のように生魚なのか、韓国の江陵端午祭で神降ろしに用いる干メンタイのように干物であったのか。現在もそのような習俗が行なわれているのか未調査である。泰山の女神には河という河を、〝花翅魚〟を先頭にして魚どもがのぼる。それは女神への贈り物なのだという伝説が今も伝えられているという。この花翅魚も形態的特徴からミノカサゴ類に近いとも考えられる。ともあれ、日本において、山の神がオコゼを好む理由は、中国から十二という数を神聖視する観念が伝えられ、山の神信仰において、個体差はあるが、ほぼ十二本の刺（魚類学的には棘《きょく》）を持つミノカサゴ類が山の神の観念と合致して供物としての人気を高めたと考えられる。

第二に、オコゼとして珍重されるミノカサゴ類が虎斑のようなしま模様をもち、中国大陸や朝鮮半島で山の神または山の神の使いとされて崇拝される虎または虎の子に似ていることに注目すべきである。前述したように、中国ではオコゼ類の名称に虎の文字がつく。たとえばミノカサゴは棕須虎である。『本草綱目』には「海中の虎鯊よく虎に変ず」とある。虎鯊は一応サメ類ともとれるが、ミノカサゴなどのオコゼ類とも解釈できる。特定の魚が虎に変ずる観念が中国にあったわけで、日本にもそれが伝わったことはなかったのだろうか。また虎斑のような縞《しま》模様に対する特別の観念も『捜神記』の「華山神の使者」などにみられる。

日本においても、中国と類似した例は存在する。三角縁神獣鏡の豊穣の象徴とされる双魚紋の鱗《うろこ》模様が製作年代が新しくなるにつれて、しま模様に変わって来る。一九九九年に石川県小松市にある弥生時代中期の遺跡から、赤色と黒色の横じま模様をもつ全長九十二センチの魚をかたどった木製品が出土している。祭祀に使われたものとされている。時代は新しくなるが、青森県三戸郡田子町夏坂の住人源左衛門の『一人又猳』に「とらの神の御子に山ハおんゆつりあそバされ候て、山神者天に上り給ひて云々」とあることを前述した。これは明らかに日本においても、山の神信仰に虎が関わることを示す重要な資料である。宮崎県では、片耳裂傷した鹿の耳朶をヤマオコゼと言う[20]。中国では虎を李氏が化しかものであるから李耳とも呼び、そのため虎は獲物の動物の耳は食わないという。このことからヤマオコゼとされる鹿の耳朶は山の神の使いである虎を意味していると解釈できないだろうか。宮崎県椎葉村では祈祷願掛を直接オコゼに向ってする[21]。これはオコゼを山の神そのものと受けとってきた名残りなのではないか。オコゼは古く『倭名類聚抄』には「乎古之」、『新撰字鏡』には「乎己自」とあり、「おこし」とか「おこじ」と呼んでいた。虎は「乎古反」と言われた。「おこし」は物部尾輿大連の人名にも使われている。筆者は御虎子、御虎児または虎士（勇猛な武人）がオコゼの元の意味であったのではないかと考えている。「乎古反」は虎斑からきているのではなかろうか。要するに、オコゼは最初、虎斑のようなしま模様をもつミノカサゴ類が山の神に神聖な数である十二本の刺を持ち、かつまた中国大陸や朝鮮半島で山の神または山の神の使いと崇められる虎に似ていることから珍重され、多分、渡来人が山の神に捧げたのが始まりで、次第に流布するにつれ、同じように毒を持つオニオコゼやアカザなどもオコゼとして扱われるようになったと考えられる。

注

（1）（2）（6）　柳田国男『柳田国男全集4』（一九八九年　筑摩書房）
（3）　堀田吉雄『山の神信仰の研究』（一九六六年　光書房）
（4）（10）　ネリー・ナウマン（野村伸一・檜枝陽一郎訳）『山の神』（一九九四年　言叢社）
（5）　千葉徳爾『続狩猟伝承研究』（一九七一年　風間書房）
（7）　中村禎里『日本動物民俗誌』（一九八七年　海鳴社）
（8）（18）（20）　渋沢敬三『日本魚名集覧（全）』（一九四三年、日本常民文化研究所）
（9）　更科源蔵・更科光『コタン生物記Ⅱ』（一九七六年　法政大学出版局）
（11）『朝鮮を知る事典』（一九八六年　平凡社）
（12）　朴銓烈「韓国の山神・王権・民衆―弓の村と雁の村」（歴史公論3、一九八五年　雄山閣）

(13) 金聖培『韓国の民俗』一九八二年 成甲書房)
(14) 上田信『トラが語る中国史』(二〇〇二年 山川出版社)
(15) 千葉徳爾『狩猟伝承研究―総括編』(一九八六年 風間書房)
(16) 釜石市地域活性化プロジェクト推進本部『全国虎舞考』(一九九二年)
(17) 相模民俗学会編『神奈川の民俗』(一九六八年 有隣堂)
(19) 永松敦『狩猟民俗と修験道』(一九九三年 白水社)
(21) 柳田国男『柳田国男全集5』(一九八九年 筑摩書房)

二 補考・山の神とオコゼ—文献にみるヒント—

前節に続き、これからの研究のため、若干の補足をし、さらに、各種文献からヒントとなることなどを整理してみた。

一 山の神の好む魚

ネリー・ナウマンは『山の神』で『倭訓栞』には「山神にをこじを見する」という俗諺に「鱖似レ鯰帯レ鬣刺十二、以應二十二月一、故大岳神好レ之」という『河南通志』からの引用があることを紹介している。筆者は大岳神（山の神と解される）が好むという鱖という魚がどの種類の魚を指しているのか、『原色魚類大圖鑑』[1]等を用いて検討したが、鯰に似て鬣を帯びている、刺を十二本もつといった形態的特徴に着目して、結論としてキミオコゼ、ミノカサゴなどのミノカサゴ属の魚類ではないかと推論した。ネリー・ナウマンは確信は持てなかったようだが、鱖 Kuei とは AnchiLognathus intermedius のことかと学名を挙げているが、この学名は現在使われていないので、検索には使えない。かなり古い図鑑などを調べてみる必要はある。鱖の漢字とネリー・ナウマンが Kuei と読んでいることからも検討した。更にここで補足すると、『角川大字源』[2]には鱖は漢音で「ケイ」、「ケツ」、「エツ」、漢呉音で「キ」、現代中国音は gui, jué とある。字義は『国訳本草綱目』で、けつぎょまたはかわたなごを当て、和訓ではあさじ、おいかわとしている。解字には「意符の魚と音符の厥（美しい紋様の意）から成る、体の表面に美しい紋様のある魚の意」とある。そこで『河南通志』にいう鱖と合致するか一つ一つ検討すると、前節で述べたように、淡水魚のあさじ（和名オイカワ）は鯰に似た鬣もないし、十二本の刺（棘《きょく》）も持たない。ネリー・ナウマンが Kuei ともしているので、クエを調べると鬣がなく背びれの刺（棘）が十一本ある。鱖の音からケツギョとコウケツギョを調べると両方とも鬣がない。背びれの刺（棘）はそれぞれ十一から十二本と十二本である。中国産の他の種類のケツギョにも鬣はない。朝鮮半島や中国の淡水系に分布する淡水魚で極めて美味なので、朝鮮半島では「王の魚」と言われるが、山神に供えるという文献は見当たらない。鬣がないので、残念ながら『河南通志』にいう鱖とはならない。かわたなごとあるのは日本の淡水系に生息するタナゴの仲間だろうが、このタナゴ類は二本の口鬚を持つが、刺（棘）がない。ということで、『河南通志』にいう鱖に相当する魚はネリー・ナウマンが提起した魚や『角川大字源』に出てくる魚を調べても見当たらないのである。そこで、『河南通志』に表現されている魚の形態的特徴から独自に分析して、ミノカサゴ類に一番近いだろうとしたのである。なお、ミノカサゴ類は鬣のようなものを持つと書いたが、それは魚類学的には、短いとげと少し長い皮弁というものである。それではなぜ中国内陸部の河南地方で海産のミノカサゴ類が珍重され得たのか。大林太良が指摘するように「中国でも揚子江の中下流域や、大運河沿いの山東省から南にかけての地域の湖沼地帯には、内陸の水人が住み漁撈や運搬などをして暮らしてきた。そして彼らの文化は江南の海人の文化と関連が深く、日本の海人の比較研究には、これら中国内陸部の水人たちも考慮にいれなくてはならないことである。[3]」とする。したがって河南地方に海産のミノカサゴ類が伝えられたことはあり得たと考える訳である。

国立民族学博物館名誉教授の周達生氏は私信でつぎのようなことを教えてくれた。『クモハゼ科魚類の「鰕虎魚」にも「虎」が入っています。これだけでなく、「虎」はいろんな分類群の魚類にも使われていますので、「虎」は必ずしもオコゼ類とはいえないと思われます。ちなみに、このクモハゼの仲間のうちの「子陵櫛鰕虎魚」はかつては、その魚で有名な乾魚を作ったようです。だが、その乾魚が供物に使用されたかどうかはわかりません。[4]』周氏は手術後の体調の優れないなか、鱖魚の資料なども添え、懇切に御教示下さいましたことに対して感謝したい。

李国棟は安田喜憲編著『山岳信仰と日本人』の中の「第2章　日本人の山岳信仰と長江流域[5]」で私見として、大要つぎのようなことを書いている。日本の山岳信仰に虎の代替物が認められるとし、それは山の神に捧げられる神饌オコゼである。オコゼは虎魚という当て字を持っており、ダルマオコゼの顔は大きな頭、大きな目、大きな口を持ち、縞模様の体色はまるで虎のようだ。そして、オコゼは長江流域の虎をシンボルとした山岳信仰が日本に伝わってきたことの物的証拠である、としている。筆者のオリジナルな論旨（筆者の方が先に発表している）とほぼ同じと考えられる点が多い。

二　虎とオコゼの信仰

中国大陸と朝鮮半島での山の神信仰と虎については前節に述べたが、各民族の信仰は諏訪春雄編『東アジアの神と祭り』の中の、林河「東アジアの動物信仰　4虎に対する信仰[6]」に詳しい。「中国及びその周辺地域の農耕を主たる生業とはしない民族は、そのほとんどが虎信仰をもっている」とし、トゥチャ族、プミ族、祥雲県のペー族、西南イ族らはみな虎を民族の主たる神とするトーテム信仰をもっていることである。なお、トゥチャ族は自らを虎の息子、虎の娘と称し、「虎（フー）」という音や「虎」という言葉をタブーとする。虎のことは「猫」、「斧頭《フートウ》」（おの）のことは「猫頭《マオトウ》」、「腐乳《フールー》」（食品の名）は「猫乳《マオルー》」という、とある。中国では虎のことを黄斑、獣君、山君、李耳、大虫、斑子、毛虫祖などとも呼ぶ。

『角川大字源』の解字によれば、虎の漢音「コ」は美しい紋様の意（＝華）と関係がある。美しい毛皮の紋様の猛獣、「とら」の意とあり、鱖の解字と相通ずる。

『本草綱目』に「海中の虎鯊よく虎に変ず」とあることを書いたが、草野巧著『幻想動物事典』(7)を見ると中国では、魚虎《しゃちほこ》（鯱）は「もともと中国の南海に棲むとされる怪魚で、虎の頭を持ち、腹の下に羽根があり、全体が毒針で覆われていた。」「魚虎という名の通り、陸に上がると虎に変身したといわれる」とある。想像的海魚であって、鯨目イルカ科の海獣シャチとは随分かけ離れた特徴を持つ。そこで思い起こすのであるが、この魚虎の特徴―虎の頭を持つ、腹の下に羽根がある。全体が毒針で覆われている―が、腹の下の羽根を大きな胸びれと考えると、前節で述べたオコゼとして日本各地で最も尊ばれるミノカサゴ類の特徴と重なることである。原典を捜しているが、このことから、虎とミノカサゴ類を原形として魚虎《しゃちほこ》という想像上の動物が中国で形成されたと考えられる。それだけ、虎とミノカサゴ類（オコゼ）には霊的な親和性を認めていたということだろう。渋沢敬三著『日本魚名集覧　全』の「附オコゼに関する資料抄」(8)には、阿部正信駿國雑志に「シャチホコなる売り物あり。オコゼの干魚也」「山神此魚を好む故供ふ」とある。中国で山の神とされる虎と海魚のミノカサゴ類を原形として形成されたと考えられる魚虎《しゃちほこ》を下敷きにし、日本で山の神へオコゼの干魚をシャチホコと呼び、供えている。ミノカサゴ類のオコゼが、日本で虎と見立てられて、山の神に捧げられたのである。それは中国大陸などから渡来したと考えられる、虎を山の神あるいは山の神の使いとする信仰を持つ人々がもたらしたか影響を受けた人々が始めた、と推論したことを補強する資料と言える。ただ、そこで問題になるのは、山の神あるいは山の神の使いとして信仰される虎がオコゼとして見立てられて、供える物（従的な物）になり得るだろうかという疑問である。前節で「宮崎県椎葉村では祈祷願掛けを直接オコゼに向かってする」と、『日本魚名集覧　全』の「附オコゼに関する資料抄」にあることから、これはオコゼを山の神そのものと受け取っていた名残なのではないかと述べた。それがながい時間の経過の中で元の意味が忘れられて、供える物に零落したのではないかと考えている。

荻原眞子著『北方諸民族の世界観』[9]の中に沿海地方に住むオロチ族では、虎の顔、両手が曲がっている、盲などの特徴を持つ異形の子供（虎の申し子）が生まれて、一族に豊猟をもたらす伝承が記載されている。また、オロチ族、ニヴフ族、ウリチ族、ナーナイ族には虎（獣の主）を助けた結果として、猟運に恵まれるという伝承も存在する。日本の東北地方や九州の宮崎県に、又鬼《またぎ》が山中で、若い女性を泊めてやったり、お産を手伝ってやったりした結果、驚く程、獲物に恵まれたという語り伝えがある。若い女性は山の神か山姥であったと言われる。[8][10]北方諸民族が虎を山の神としたかはっきりしないが、日本列島に存在する先の語り伝えとモチーフが似ており興味を引く。

三　オコゼと関わりのある人名

承平年間（931〜938）成立の辞書『倭名類聚抄』にはオコゼを「乎古之」、平安時代の昌泰年間（898〜901）に成立した漢和字書『新撰字鏡』には「乎古自」とあることは前節に述べ、六世紀の人物で、わが国に仏教を入れることに激しく反対した物部尾輿《おこし》大連が「おこし」を名乗ったことから、「おこし」の転と考えられるオコゼは、醜いとか、痴《おこ》なる意ではなく、御虎子または御虎児の意味を持っていたのだろうと推論した。その後、気付いたのであるが、南方熊楠は「山神オコゼ魚を好むということ」[11]の中で、「滝沢解の『玄同放言』巻三に、国史に見えたる物部尾輿《おこし》大連、蘇我臣興志《おこし》、尾張宿禰乎己志《おこし》、大神朝臣興志《おこし》、凡連男事志《おこし》等の名、すべてオコシ魚の仮字なり、と言えり。『和漢三才図会』巻四八に、この魚、和名乎古之《おこじ》、俗に乎古世《おこぜ》という、と見ゆ。惟うに、古えオコゼを神霊の物とし、資《よ》ってもって子に名づくる風行われたるか」とある。やはり、古代の豪族が好んで「おこし」を名乗ったところをみると、南方が言うように、オコゼは古代から神霊を持つ魚とされてきたようである。それではどのような神霊かというと、大陸と朝鮮半島で山の神または山の神の使いとされる虎の神霊であって、御虎子または御虎児の意味を持っていたとした訳である。なお鄭高詠著『中国の十二支動物誌』[12]には、虎は「言語文化や民族文化の中でも、強者や王者のイメージ、英雄豪傑のシンボルとして受け取られている」とし、「現代中国語ではあまり使わない〝虎士〟（勇猛な武人）〝虎夫〟（勇者）〝虎彪〟（たくましい）〝虎旅〟（精鋭部隊）なども、その雄々しいイメージから自ずと軍事に結び付けられ、

「虎」が屈強な軍隊のシンボルとされたために生まれた、「虎」の強さに由来する言葉である。また虎には情に厚いというイメージがあり、尊敬やあこがれの対象という面も持っている。」とある。もしかすると、オコゼの語源に〝虎士〟（勇猛な武人）の意味が含まれているのかもしれない。古代になぜ人名やオコゼの名にあまり「虎」の文字を使わなかったかというと、畏れ多くて、特別な人しか使えなかったか中国の諸民族と同様、虎という神の文字を意識的に避けたからではないかと考えられる。

注

（1）『原色魚類大圖鑑』、北隆館、昭和六二年
（2）『角川大字源』、角川書店、一九九二年
（3）大林太良『東と西・海と山』、小学館、一九九〇年、一六五頁
（4）二〇〇五年十一月二日、神戸市灘区の周達生氏よりの私信
（5）李国棟「第2章　日本人の山岳信仰と長江流域」、安田喜憲編著『山岳信仰と日本人』、NTT出版、二〇〇六年、四三―四五頁
（6）林河「東アジアの動物信仰　4虎に対する信仰」、諏訪春雄編『東アジアの神と祭り』、雄山閣出版、平成十年、三六八―三九七頁
（7）草野巧『幻想動物事典』、新紀元社、一九九七年、一六四頁

（8）渋沢敬三「第三部　魚名に関する若干の考察」、渋沢敬三『日本魚名集覧　全』、日本常民文化研究所、昭和十八年、一五六―二二〇頁
（9）荻原眞子『北方諸民族の世界観』、草風館、一九九六年、一七四―一七九頁
（10）笹間良彦『ロマンの怪談―海と山の裸女』、雄山閣出版、平成七年、一八二―一八八頁
（11）南方熊楠「山神オコゼ魚を好むということ」、『南方熊楠全集（第二巻）』、平凡社、一九八四年、二四八―二五七頁
（12）鄭高詠『中国の十二支動物誌』、白帝社、二〇〇五年、一〇一頁

第五章　鮭の大助譚の世界

一　鮭の大助譚成立についての一仮説

一、はじめに

「鮭の大助譚」は東北地方や新潟県に分布する鮭に関わる伝説や昔話であるが、民俗的習俗や禁忌を伴うものが多い。背景に縄文の風土に根ざす観念が窺われるものもあるし、遠方の異界から訪れるモチーフを併せ持ったものがある。これらの口碑については研究者によって、民俗学的課題として、詳細な研究分析がなされており、議論の余地がないようにも受け取られがちだが、奥の深い貴重な口承文芸であると考えられるので、敢えて、標題について一考察を加えてみる。

二、「鮭の大助譚」事例

「鮭の大助譚」を分析するにあたり、いくつかの事例を取り上げるが、山形、岩手両県に代表的な口碑があるので、それらが中心になった。なお、口碑を形成しているキーワードを抽出し比較検討した。

『遠野物語拾遺』(1)収録

〔事例A〕一四〇　遠野の裏町に、こうあん様といふ医者があって、美しい一人の娘を持つて居た。其娘は或日の夕方、家の軒に出て表通りを眺めて居たが、其のまゝ神隠しになって終に行方が知れなかった。それから数年の後のことである。此家の勝手の流し前から、一尾の鮭が跳ね込んだことがあった。家では此魚を神隠しの娘の化身であらうと謂って、其以来一切鮭は食わぬことにして居る。今から七十年ばかり前の出来事であった。

『佐々木喜善全集(一巻)』(2)収録

〔事例B〕九七番　鮭の翁

気仙郡花輪村の竹駒と云ふ所に美しい娘があった。或時此娘を一羽の大鷲が攫《さら》って、有住村の角枯らし淵に落した。すると淵の中から一人の老翁が出てきて其背中に娘を乗せて、家に送り届けてくれた。

実は此老翁は鮭の大助であった。そして後に其老翁は強いて娘に結婚を申込で遂に夫婦となった。その子孫は決して鮭を食はぬさうである。

〔事例C〕九九番　鮭魚のとをてむ

昔、遠野郷が未だ大きな湖水であった頃に、同町宮家の先祖が、気仙口から鮭に乗って、此郷へ入って来たのが、此郷での人間住居の創始であると謂ふやうに語られてゐる。

此家の幾代目かの主人、大層狩猟が好きであった。其頃今の松崎村のタカズコと云ふ所に、鷹が多く住んでゐて飛び廻り、人畜に危害を加えて仕様がなかった。此人或日其鷹を狩り獲らうと云ふので、山へ登って行くと、かへって矢庭に大鷹に襟首をとらへられて宙天高く引き上げられてしまった。其人は如何かして逃れやうと思ったけれども、却って下手な事をしたなら天から墜落《おと》される憂ひがあるから其儘拉し去られて行くと、稍久しくして高い断崖の上の大きな松の樹の枝の上に下《おろ》された。其の人は腰の一刀を引き抜いて隙があったら其鷹を刺さうと構へたが、どうも寸分の隙もあらばこそ。さうして居るうちに何処からか一羽の大鷲が飛んで来て、鷹の上を旋回して、鷹か又は自分かを窺うもの丶やうであったが、鷹が首を上げてそれを見る隙に、其人は得たり賢こしと刀を擬して柄も通れよとばかり鷹の胸を刺し貫いた。何条堪まるべき鷹は一たまりもなく遥か下の岩の上に堕ちた、其と一緒に其人も岩の上へ落ちたが鷹を下敷にしたので幸ひに怪我はなかった。

其うちに彼の大鷲も、何処へか飛び去ったので、其所を立ち去らうとして、よく見ると其所は海と河との境に立つた大岩であった。そこで自分の衣物を脱いで引き裂き斃《たお》れた鷹の羽を絡んで一条の綱を作って、これを岩頭に繋ぎ、其を頼りとして段々と水の近くへ降りてみると、水が深くてなかなか陸の方へ上らう由も無かった。途方に暮れて居ると折りしも一群の鮭魚が川を上がって来た。其中に一段と大きな鮭が悠々と岩の岸を通って行くから、其人は思はずこの大鮭の背に跨った。そして漸っとのことで陸に近づき上陸をして四辺を見れば、其所は気仙の今泉であった。

其人は直ぐに故郷へ帰ることもならない事情があったと見えて、暫らく其地に足を停めて居るうちに、世話する人があって鮭漁場の帳付となった。勿論文才もあり、勤めも怠けなかったので、大層人望が厚かった。

今泉と川を隔てた高田とには常に鮭漁場の境界争ひがあって、時には人死などさへもあった。そんな時には其人の仲裁で何方《どっち》も納まって居たが、或年鮭が不漁なところから人気が悪く重ねて例年の川の境界争ひも今迄になく劇しかった。日に夜に打ち続いて漁師が川の中で闘争を続けてゐた。

其時、其人は遂に意を決して川の中央へ出て行って、両方の人々に聞こえるやうな高い声で叫んで言った。今泉の衆も高田の衆もよウく聴いてくれ。今度ばかりは俺の誠意《まごころ》も皆様に通らなくて毎日毎夜、夜昼斯うやって喧嘩を続けて居るが俺にも覚悟がある。俺は今此所で死んで、此の争いを納めたい。そこで皆様には俺の首の流れる方を今泉の漁場とし、胴体の流れる方を高田の漁場としてくれ。それよいか、と言って、刀を抜いて後首《うしろくび》から力まかせに自分の首を掻き切って落した。

そして漸く経つと暴風雨が起って、其人が自害した辺に中州が出来上がった。それで両地の境界が定まって、自然と川争ひも絶えたと謂ふ。

其後其の人の子孫は先祖の故郷の遠野へ帰った。そして先祖が鮭のために生き又鮭のために死んだのであるからと謂ふので、家憲として永く鮭を食はなくなった。若し食へば病むと伝へられて今でも固く守って居る。

（鈴木重男氏談話の三。遠野の口碑であるが、又曰、宮家が鮭魚に乗って気仙口から遠野の湖に入って来た当時には、鶯崎とか愛宕山などに穴居の者が一二軒あつたと謂ふ。其人が或る日狩猟に行くと常服の鹿の毛皮の上着を着て行ったために大鷲に攫はれたのであつた。それからは本話と同様で結局鮭に助けられて亦家へ帰ったと謂ふ。今泉と高田の鮭漁場争ひの話は時代も人物も違って居るかも知れないのである。）

〔事例D〕九八番　鮭の大助　同郡竹駒村の相川と云ふ家に残る昔話である。此家の先祖は三州古河ノ城主であったが、織田信長との戦に負けて、遥々と奥州へ落ちのびて其所に棲まって居た。或日多くの牛を牧場に放して居ると、不意に大きな鷲が来て子牛を攫って飛び去った。主人は大に怒って、如何しても彼の鷲を捕へなくてはならぬと言って、弓矢を執り、牛の皮を被《かぶ》り、牧場にうづくまって鷲の来るのを五六日の間待って居た。其中に心身が疲れてとろとろっと睡ると、やにわに猛鷲が飛び下りて来て、主人をむんずと引っ提げたまゝ杳冥《ようめい》遥かと運んで行った。

主人はどうとも為す術がないので身体を縮め息を殺して、鷲のする通りになって居ると、遠くの海の方へ行く。そして或島の巨きな松の樹の巣の中へ投げ込んだまゝ、また何処ともなく飛去った。

主人は鷲の巣の中に居て、はて如何かして助かりたいものだと思って、周囲《あたり》を見廻すと、巣の中に鳥の羽がたくさん積まれてあった。そこで其を集めて縄を綯《な》って松の木の枝に結びつけて漸《や》っと地上へ下りたが、それからは如何する事も出来ぬから、其の木の根元に腰をかけて、思案に暮れて居た。

其所へ何処から来たのか一人の白髪の老翁が現はれて、お前は何処から此所へ来たのか、何の為に来られたか、難船にでも遭ったのなら兎も角にこんな所へ容易に来られるものではない。此所は玄海灘の中の離れ島であると言った。主人は今迄の事を物語って、如何かして故郷へ帰りたいが、玄海灘と聞くからには既に其望みも絶えてしまったと歎くと、老翁は、お前がそんなに故郷へ帰りたいなら、俺の背中に乗れ、さうしたら、必ず帰国させて遣らうと言った。主人は怪訝《けげん》に思って、それではお前様は何人で、また何処へ行かれるとかと訊くと、俺は実は鮭ノ大助である。年々十月二十日にはお前の故郷、今泉川の上流の角枯淵《つのかんぶち》へ行っては卵を生む者であるとのことであった。そこで恐る々々其の老翁の背中に乗ると、暫時《しばらく》にして自分の故郷の今泉川に帰ってゐた。

斯う謂ふ訳で、今でも毎年十月の二十日には礼を厚くして此羽縄に、御神酒供物を供へて今泉川の鮭漁場へ贈り、吉例に依って鮭留数間を開ける事にすると謂ふのである。

（末崎村及川与惣次氏より報告。大正十四年冬の頃）

『日本の伝説4　出羽の伝説』(3)収録

〔事例E〕鮭の大助

むかし。

小国郷（現最上町）に八右衛門という魚とりや牛方を、稼業にしていた男があった。

五月節句は、馬や牛を洗ってやり、ゆっくり休ませる日だから、八右衛門は、牛を川につれていって洗っていると、奥山から大きな鷲が、バホッと飛びおりてきて、あれっという間に、牛をさらっていってしまった。

八右衛門は、商売の牛をとられたので、くやしくてくやしくてたまらない。

「あの畜生め、牛の味を知って、また来やがるにちがいねえ」と、次の日、八右衛門は熊の皮をかぶって、川ばたにすわっていた。

するとやっぱり大鷲が、バホッと飛びおりてきて、いきなり八右衛門をさらっていった。

「畜生、どこへいくものやら、いくところまでいってみっぺ」と、山こえ、野こえ飛んでいって、ある島の岩端の巣についた。

巣には、雛がヒイヒイと、口をあけて待っているではないか。そこで八右衛門は、着くか着かぬか、いきなり腰の山刀を抜いて、鷲の親子を切り殺してしまった。

あたりを見まわすと、牛や馬の骨が山のようになっていた。さて、八右衛門は、仇をとったもののの、さてどこをどうして帰っていったらよいものか困りはて、ぼんやり海をながめていると、岸辺を泳いでいた魚が声をかけてくれた。そこで実はこれこれのわけでと語ると、魚は、「おれたちの親方、鮭の大助は、毎年十月のエビス講の日になると、最上川へのぼっていくから、そのとき頼んで乗せてもらうどええ」と教えてくれた。其の島は、佐渡ケ島だった。

そこで八右衛門は、しかたがないから十月まで島で暮らし、十月二十日、エビス講の前の日に岸辺に立って、「鮭の大助どの、鮭の大助どの――」と叫んでいた。すると、沖の方から、大波を立てて馬のようにでっかい魚がやってきた。これがたのみの鮭の大助であった。

「鮭の大助どのか。実はこれこれしかじかで。どうか、最上の小国郷まで乗せていってもらいでえ」八右衛門が頼んだ。すると鮭の大助は、

「なに、おまえが簗掛け八右衛門か。いつもオラだら（おれたち）魚ば、簗にかけてとる憎いやつ」と怒るのであった。

「これから以後は、簗掛けや魚とりはいっさいいたしませんから、どうか助けてくれ」

八右衛門は、ひらあやまりにあやまって、鮭の大助の背中に乗せてもらった。

佐渡ケ島を朝たって、それから酒田の港にいき、そこから最上川をさかのぼっていると、ちょうどエビス講の夜になっていた。

「鮭の大助、今のぼる。鮭の大助、今のぼる」

と、大声で叫びさけび、ようやく帰りつくことができた。

村の人たちは、エビス講の夜に、この叫び声を聞くと、よくないことがおこるといっておそれ、みな、餅つきや酒盛りをして、にぎやかにさわぐのをならわしとして、これを「耳塞ぎ餅」と

いっている。

また、その夜は、魚の張り網や簗の片方をあけて、魚とりはしないことにしている。

最上川筋では、十月二十日（旧暦）の「鮭の大助」以後でないと、鮭漁は解禁しない。

（この昔話は「全国昔話資料集成1」佐藤義則編『羽前小国昔話集』に「簗掛け八右衛門と鮭の大助」として収録されたのが最初である。標準語に改められた今回のものを採用した）

『大井沢中村の民俗』[4]収録
〔事例F〕旧十月二十日夜に寒河江川を、サケノオオスケ、マスノコスケというものが揃って大井沢・大日寺の地蔵様参りにのぼってくるという。

ウライ近くを遡る鮭（山形県寒河江川）

〔事例G〕旧十月二十日夜、『二十日講』にサケノスケが包丁をかざして『サケノスケ、今ここ通る』と叫びながら川をのぼってくる。その声を聞いたものは急死するので、その夜は早く寝るようにいましめている。

〔事例H〕旧十月二十日夜、サケノスケというものが朝日岳のお大日様へ参詣に寒河江川をさかのぼってくるので、大井沢では、その後に鮭を捕るようにといましめていた。

『温海町の民俗』(5) 収録

〔事例I〕十二月十五日の晩はオースケ、コースケである。

温海町には鮭のとれる川が四本もあるので流域にオースケ、コースケの祭りがある。この日の日暮れ方「オースケ、コースケ今のぼるぞー」、「イゴザーイ、イゴザーイ」と叫びながら、鮭の親玉のオースケが家来のコースケを連れて、川中を明るくしてゴーゴーと水音を立てて上流に上っていくというのである。この声を聞いたり、その姿を見たりすると、三日のうちに死ぬと恐れられているのである。オースケは、大鮭でメッコだという。この音を聞かないように、夕方にトントン臼の音を高くさせて餅をついたり、この餅で耳をふさいだりしたという。昔は村中で鮭を取っていたから、川端の家だけではなく村中で餅をついてオースケ、コースケの祭りをやった。この晩は鮭とりにはぜったい行かないものとされている。しかし、どうしてもこの晩網をうたなければならない時には網の目を二つ切って打てといわれている。また、この晩は外に出てもいけないというので、子供は夕食に餅を食ってさっさとねかされる。

〔事例J〕「御所神社縁記(6)」

社ノ背面ヲ流ルル赤井川ニ、注連掛鮭ト稱スル魚毎年秋季ニ上リ来ルアリ、土人之ヲ御所神ノ生贄ナリトテ捕フル者無シ

三、各事例のキーワードを含む言葉

各事例のキーワードと思われる言葉を挙げ、比較考察に資する。

事例A［美しい娘、神隠し、鮭が娘の化身、鮭を食わない］

事例B［美しい娘、大鷲、老翁（鮭の大助）が娘を背中に乗せる、老翁（鮭の大助）が娘と結婚し夫婦になる、子孫は鮭を食わない］

事例C［宮家の先祖は鮭に乗って遠野郷に入って来た、人間住居の創始、大鷹、海と河との境に立つ大岩、一群の鮭魚、大鮭の背に跨る、鮭漁場の境界争ひ、鮭のため生き鮭のため死ぬ、家憲として鮭を食わない］

事例D［先祖は織田信長との戦に負け奥州に落ちのびてきた。子牛、鷲、玄海灘の離れ島、老翁（鮭の大助）の背中に乗り故郷に帰る、十月二十日、鮭留を数間開ける］

事例E［魚とり、牛方、大鷲、佐渡ヶ島、十月二十日、エビス講、簗かけや魚とりはいっさいしないと謝る。鮭の大助の背に乗る、大声の叫び「鮭の大助、今のぼる」、耳塞ぎ餅、魚の張り網や簗の片方をあける、最上川筋では「鮭の大助」以後に鮭漁解禁］

事例F・G・H［旧十月二十日夜、サケノオオスケ（サケノスケ）、マスノコスケ、大日寺の地蔵参り、包丁、叫び「サケノスケ、今ここ通る」聞くと急死する、その夜は早く寝なければならない、その後に鮭を捕る。］

事例I［十二月十五日の日暮れ方「オースケ、コースケ今のぼるぞー」「イゴザーイ、イゴザーイ」、この声を聞いたり姿を見ると三日のうちに死ぬ、オースケは大鮭でメッコ、オースケ、コースケの祭り（餅をつく、餅で耳をふさぐ）、この晩は鮭とりにぜったいに行かない。外に出てもいけない（子供は餅を食いさっさとねる）」

事例J［注連掛鮭、御所神ノ生贄、捕フル者無シ］

四、「鮭の大助譚」成立の過程と時期の推定

二、で挙げた事例のうち、A・B・C・Dが岩手県遠野のもので、E・F・G・H・I・Jが山形県最上郡、西村山郡、西田川郡（現鶴岡市）、尾花沢市のものである。

岩手県遠野の事例には鮭の大助（ただし老翁の化身とする特色がある）の背に乗り故郷に帰るとか、十月二十日に鮭留を数間開けるなど、山形県最上郡の事例と共通するところがある。しかし、①鮭が神隠しにあった娘の化身であるとして鮭を食わない。②美しい娘が鮭の大助（老翁）と結婚したから、その子孫は鮭を食わない。③鮭のため生き、鮭のために死んだ家柄なので鮭は食わないといった禁忌が語られる点、山形県内の事例と異なる特徴が見られる。ここにトーテミズムの傾向が窺えると考える訳であるが、『日本民俗大辞典　下』[7]の「トーテミズム」の項目にはつぎのようにある。「人間・社会と特定の動植物などの自然種との間に、崇拝や禁忌を介して、つながりを見出す信仰。従来は以下の四つの現象のうち一つ以上が指摘できるような場合をトーテミズムと呼んだ。㈠未開社会の各氏族が一定の動植物種をみずからの祖先とみなし、氏族の標

識や名称にする。こうした種をトーテムというが、㈡トーテムは損傷・殺害を禁止され礼拝の対象になる。㈢トーテムの採食は禁じられる。しかし、祭祀の場合は逆に、氏族の全員がこれを共食する。㈣トーテムが同じ男女のあいだでは婚姻は禁止され、したがって婚姻は氏族外婚制となる」。前述の岩手県遠野の事例では、鮭を自らの祖先とみなし、かつ採食を禁じている点から、氏族が構成され、それが認識され守られているかは不明であるから、断定できないが、トーテミズム的傾向が窺われると言えないだろうか。なお、鮭の大助との異類婚姻譚はアニミズムの世界観を基にしているのだろう。なお、谷川健一『神・人間・動物』(8)に、福岡県嘉穂郡嘉穂町の鮭神社（鮭大明神）の氏子七十戸の人たちは塩ザケも罐詰めのサケも鮭を「サケさま」とあがめ、一切口にしない。神社までのぼってくる鮭を途中で捕えて食べると、かならず災難に会うと縁起にあるという。嘉穂町は玄界灘に注ぐ遠賀川の上流にあり、修験道で有名な英彦山にも近いところである。また、北海道十勝のケネ部落のアイヌは鮭の後裔と自称したという。なお、鮭は日本海側では北九州、太平洋側では千葉県以北の河川に遡上する。

山形県の事例では「鮭の大助、今のぼる」とか、「サケノスケ、今ここ通る」「オースケ、コースケ今のぼるぞー」という叫び声があるので、酒盛りをして騒いだり、餅つきをしたり、餅で耳を塞いだり、いわゆる「耳塞ぎ餅」とか「オースケ、コースケの祭り」をする習俗があるが、岩手県遠野の事例に見られないのはなぜだろうか。『民間信仰辞典』(9)によれば、「耳塞ぎ」とは要約すると「同じ年令の者が村内で死ぬと耳をふさいで死からのがれようとする呪術がある。全国的に伝承されている風習である。また、ミミフタギ・ミミダンゴと称し、餅または団子で耳を塞ぐ所は多い。さらに、トシタガイモチ・トシマシダンゴといって、同年齢の人が死ぬと餅や団子を食べて一つ年をとったと考えるという。豆・餅・団子を食べ魂を元気づけて忌がおよばないようにする意味と思われる」とある。本来、人の死の穢れから逃れようとする呪術であるのに、鮭に関わる習俗に見られる訳は鮭が特別な存在で、人間の同齢者と同じように捉える感覚があったためだろう。鮭が川を上るのは産卵のためであり、産卵が終れば雌雄ともに死ぬ。あるいは途中で人間に捕獲される訳で、鮭の遡上は間違いなく死を意味する。生業の捕獲による鮭の死に伴う穢れが捕獲に関わる人間に及ぶことを恐れる観念が「耳塞ぎ餅」や「オースケ・コースケの祭り」の習俗を生んだのだろう。これもアニミズム観の表出と理解され、山形県内の「鮭の大助譚」に見られる特徴と言えよう。また同時に簗や網の一部を開けて鮭の遡上を許す行為には、死に行く鮭への哀れみと再生への期待が込められているのだろう。

ところで、山形県西村山郡西川町大井沢に「旧十月二十日夜、川魚の王様であるサケノオオスケというものが、川魚の数をかぞえながら出刃包丁をかざして寒河江川をのぼってくる」から「その声を聞かぬうちに早く寝ろ、といったものだ」とか、「姿を見たものは急死するといわれる」(4)と言ったものがあり、なぜ包丁なのかということになる。ナマハゲの持つ包丁のように、子どもを恐れさせるための話題であるとすれば納得できるが、それにしても随分と鮭を擬人化したものだと思う。なお、谷川健一は「鮭の王がさかのぼるときに、その声を聞いたものは死ぬという強い畏怖は、他の海の生物には見あたらない。アイヌが鮭ののぼるころにその豊漁を祈願して、大声を立てないようにするという習俗と関係があるのではないか[8]」と述べている。

つぎに、鮭の大助は、遠野の事例Dでは老翁の化身であり、遥か玄海灘の離れ島から、また、最上町の事例Eでは佐渡ケ島から人間を乗せてくる話になっている。異界から訪れる来訪神のようでもある。事例Cで、宮家の先祖が鮭に乗って遠野郷に入って来たとあるのは、先住の人たちが河口付近から鮭を追い求めながら内陸部の遠野郷に移住してきた古い記憶の表現なのかも知れない。では、なぜ玄海灘の離れ島や佐渡ケ島を登場させたのだろうか。なお、玄海灘の名称についてであるが、各社出版の日本史資料集の元寇（文永・弘安の役）についての地図には、玄海灘と表記されているが、現代版の地図帳では玄界灘となっている（ルビ筆者）。地名辞典類を調べると玄界灘が正しく、玄海とした場合は灘を付けないとある。古くは九州灘とも言ったが、玄界灘の名称が古文書にも見えるので、江戸時代に使われていたのは確かなようだ。遠野の伝説であるから、もっと近くの宮城県松島あたりの島か金華山でも良さそうに思うのであるが…。鮭は太平洋側では千葉県以北の河川に遡上することになっている。それが遥か九州の玄界灘まで行っている。鮭は日本海側では北九州の河川にも遡上することから、玄界灘に鮭が来ることを実際に知る人達が、この伝説の形成に関わったのだろうか。可能性としては、次の三者が考えられる。㈠豊臣秀吉の朝鮮侵略（文禄の役、慶長の役）に伊達政宗の家臣として参加し、北九州や玄界灘の鮭を知る人達、㈡河村瑞賢が東廻り航路、西廻り航路を開いた頃（寛文十一・十二年）、千石船などで交易し、玄界灘について知識を得た人達、㈢北九州出身の宗教者。事例Dに、「先祖は織田信長との戦いに負け奥州に落ちのびてきた」とあるから、戦国、江戸期の人達とする考え方は成り立つと思う。事例A（大正九年聞き取り）には「今から七十年ばかり前の出来事であった。」とあるから、江戸末期の話ということになる。つぎに佐渡ヶ島であるが、これは最上川河口の酒田などに立ち寄る舟乗り達や庄内地方の人達にとっては、それ程遠くない身近な島であるし、羽黒修験関係者も鮭の通う島であることは十分知っているから、話題として取り上げるのに都合が良い。それに、佐渡は流人の島であり、承久の乱で順徳上皇が配流された異界の島でもあった。尾花沢市に伝わる順徳上皇の伝説[6]によれば、上皇は密かに島を抜け、庄内から最上川を上り、丹生川上流の同市正厳に御所を営んだという。そこから事例Jが生まれたようだ。この順徳上皇伝説が事例Eに佐渡ヶ島を登場させるのに一役買った可能性も、事例Eの伝承地である最上町と尾花沢市が隣接していることから、あり得ることと思う。

野村純一は遠野の話と最上の話について「両者に大きな懸隔が存在するとは認め難い」、「最上には遠野と同じ話が伝承されていたのである[3]」としているが、はたしてそう言えるだろうか。菅豊『修験がつくる民俗史―鮭をめぐる儀礼と信仰[10]』では小野寺正人の説を引用し、気仙川流域に伝承される「サケのオースケ譚」が最上川流域から伝播したものであろうと推測している。その理由に最上町の小国川は羽黒山参詣の道筋にあたることを挙げている。この伝来の蓋然性が決して低いものでなく、修験系の宗教者の介在した可能性があると指摘している。確かに、山形県内の江戸時代末期に、最上郡舟形町の法印が鮭漁を行っていたことを記す古文書[11]が存在するように、修験者が鮭漁に関わっていたことは事実である。また、最上の小国川流域を岩手県や宮城県の人達が、出羽三山・羽黒山参詣で通っていたことを見逃すことはできない。しかし、その事を考慮に入れても、遠野の事例には佐渡ヶ島より遙かに遠い玄界灘の離れ島が登場し、鮭を子孫とした り、老翁が登場したりするし、山形県の事例に見られる「鮭の大助、今のぼる」等の叫び声、其れに伴う「耳塞ぎ餅」や「オースケ、コースケの祭り」習俗が語られないのは、遠野及び気仙川流域と最上郡や庄内地方に伝承される「鮭の大助譚」には異質な要素があることを示唆している。遠野・気仙川（今泉川）流域と最上郡で修験者の交流はあったが、それぞれ起源の異なる語りや習俗から始まり、遠野・気仙川流域では、前述したように文禄・慶長の役に参戦した者、千石船等で交易を行った商人や舟乗り、宗教者などが伝承の形成と伝播に関わり、「鮭の大助譚」が誕生したのではないかと考える。また、山形県最上郡小国川流域では、県内の最上郡や庄内地方にあった「耳塞ぎ餅」や「オースケ、コースケの祭り」習俗・禁忌などが元になり、羽黒修験者等の宗教者が介在して、「鮭の大助譚」が誕生したのだろう。また両者の口碑形成には中国の赤鯉に乗る周の仙人・琴高《きんこう》の伝説とかサメに乗る豊玉姫の神話等が影響を与えているかも知れない。

最後に、山形県内の伝承にある「大助」や「小助」について、「小助」が「大助」に従う多くの眷属なのか、そうでないのかということである。簡潔に述べると西田川郡温海町（現鶴岡市）の事例に『鮭の親玉のオースケが家来のコースケを連れて』とあるし、真室川の事例に「鮭のよの王様が子分をえっぺ従えで上ってくる」とか「一匹の大きな鮭のよが、ずらっと鮭のよば従えで海さ入ったもんですど」[12]とあるので、筆者は「鮭の大助」が魚の王（精霊）を意味しており、「小助」は多数のその眷属の鮭を表現しているものと理解している。遠野の事例Cでも「一群の鮭魚」とあるから鮭の大きな群を示している。

注

（1）柳田国男『新版　遠野物語　付・遠野物語拾遺』（平成十六年　角川文庫）
（2）『佐々本喜善　全集（一巻）』（一九八六年　遠野市立博物館）
（3）須藤克三・野村純一・佐藤義則『日本の伝説4　出羽の伝説』（一九七六年　角川書店）
（4）佐藤義則『大井沢中村の民俗』（昭和四十三年　佐藤義則）
（5）佐藤光民『温海町の民俗』（昭和六十三年　温海町）
（6）『北村山郡誌　上』（一九二三年　北村山郡役所、復刻一九六七年　名著出版）
（7）福田アジオ他編『日本民俗大辞典　下』（一九九九年　吉川弘文館）
（8）谷川健一『神・人問・動物』（昭和六十一年　講談社）
（9）桜井徳太郎編『民間信仰辞典』（昭和五十五年　東京堂出版）
（10）菅豊『修験がつくる民俗史―鮭をめぐる儀礼と信仰』（二〇〇〇年　吉川弘文館）

（11）『舟形町史資料集』No.7所収　両徳院了智『万留帳』（昭和五十二年　舟形町教育委員会）
（12）野村敬子編　資料昔話22『真室川の昔話　鮭の大助』（昭和五十六年　桜楓社）

二　鮭の大助譚に語られる禁忌と祟り

一、はじめに

鮭の大助譚には耳塞ぎ餅などの禁忌や祟りが語られていることは衆知のことである。山形県をはじめとする東北地方の大助譚を調べてみると、禁忌や祟りの語り口にいくつかの類型があることに気付く。禁忌と祟りに焦点を当て、鮭の大助譚成立の謎を探ってみる。

二、鮭の大助譚にみられる禁忌・祟りの類型

ちなみに、禁忌と祟りの定義を確認すると、禁忌は『日本民俗大辞典』(1)に「神聖なもの、不浄なもの、危険なものなどに接触することを禁止したり、避けたりすること。タブーの訳語。禁忌を侵した場合は当事者はもちろん、関係者にも災厄が及ぶと考えられていることも多い。禁忌は日本古来の忌みに相当する。通常『何々であるから、何々してはいけない』『何々すると何々

になるので、何々をしてはいけない』という形をとる」などとある。祟りは『民間信仰辞典』[2]によると「主として、神仏の制裁・懲罰の意味、超自然的なものや霊によって災禍を受ける意味に使用されている。神仏のオトガメを受ける、罰があたる…つまり神仏は本来祀るべきものであり、その祀りを怠った時は祟りを受けることになり、また聖なる場所・植物動物を犯したり殺したりする場合に祟りを受けることになる。」とある。この定義に従えば、殆どの鮭の大助譚に、なんらかのかたちで禁忌や祟りが語られていることが分かる。しかも、その内容を分析してみると禁忌や祟りの語り口に類型があるようで、筆者は便宜的に次の四類型に分類してみた。

〔類型A〕禁忌や祟りが俗信として語られるもの。

〔類型B〕禁忌や祟りが特定の寺社や神仏の信仰との関りで語られるもの。

〔類型C〕禁忌や祟りが過去の出来事との関りで語られるもの。

〔類型D〕禁忌や祟りが類型A、B、Cの複数の類型が組み合わさって語られるもの。

以下、事例をできるだけ多く取り上げ、四類型ごとに分析する。

〔類型A〕禁忌や祟りが俗信として語られるもの

山形県の内陸地方の事例から検討してみる。

（事例一）谷地町に残る鮭の大助のこと

戦前の行事に二十日講というのがあった。それは、毎年十月二十日に（旧暦で）商家で商売繁昌を祈るため、恵比須様を祭る行事であった。年末近くで、商店は恵比須講と称しビラをくばり、掛け声やら声高に景気をあおるものであった。長靴や冬のものを求めるのもこの売出しであった。

昭和九年ごろ、編集子の家は父・母・祖母・兄・姉・妹の七人家族であった。茶の間と板の間を照らす四〇Wの電球が一個、寝部屋にはコタツが置かれ、祖母と四人の兄姉は肩まで布団を寄せて寒さをしのいでいた。十月二十日の晩は、大師講の日にあたり、霙が降っていたと思う。兄が歌い出し姉がそれに和するように歌っている。

おおゆき　こゆき
雪の降るばんに
あっちへ行っては　こんばんは
こっちへ来ては　こんばんは
泣く子をもらおう
寝ない子はいぬか

祖母は孫達の顔を見ながら、「静かになったなは」と言う。ものの気配を通してあるような不思議な思いにかられる。

「鮭のよお、いまのぼんぞう。」と兄が告げる。鮭のよおの声を聞いた人は早死するというので、背筋が氷りつくように寒くなる。(浅黄三治談(3))

(事例二) 旧十月二十日夜、川魚の王様であるサケノオオスケというものが、川魚の数をかぞえ乍ら出刃包丁をかざして、寒河江川をさかのぼってくる。その姿を見たものは急死するといわれ、大井沢ではこの日は川辺に行かぬようにしている。(4)

(事例三) 旧十月二十日夜、「二十日講」にサケノスケが包丁をかざして「サケノスケ、今通る」と叫びながら川をのぼってくる。その声を聞くと急死するので、その夜は早く寝るようにといましめている。(4)

漁獲された鮭(山形県寒河江川)

[注] この日はエビス様に一匹魚を供える慣わしがある。「エビス講」。

(事例四) 一〇月二一日、大きな俎と庖丁と背負って鮭の助が川を登ってくるという。それだから夜は早く眠らねばならぬものだという。「鮭の助、今ここ通る」と、登ってくるもので、その声を聞くと、聞いた人は死んでしまうから、その声を聞かぬうちに早く眠ろ、といったものだ。(砂子関　工藤盛雄他)(5)

(事例五) 鮭の大助いま登る(新庄市・その他)

霜月十五日の夜は、川魚の王様である鮭の大助が、一族を率いて海から川に登る日であるという。この日は、川の仕事は一切休みにし、川端に出てはならないとされている。鮭の大助は川を登って行くとき、「鮭の大助いま登る。鮭の大助いま登る。」と叫びながら登って行くという。この声を聞いた人は三日と生きられないというので、川端の村々では、この日は太鼓を叩き、鉦をならし、大声で唄を歌って川祝いをし、大助の声を聞かないようにしている。

本合海附近には、「狐巻」とか、「叺巻《かますまき》」などという鮭の簗場《やな》があったが、この日は簗を休み、簗の決算をかねて、川祝いの振舞いをした。「狐巻」は、稲荷様に鮭の大漁を祈ったので、こう名付けられたといい、「叺巻」は獲れた鮭を叺に入れて運んだことから、こう呼ばれるようになったという。

古口あたりでは、この日は簗の一方は開けておき、鮭が登れるようにしていた。(6)

(事例六) 西川町水沢では、鮭の大助は怪物であるから山中にすみ、秋になると川をくだる。この声を聞くと悪事がおこるから、早く寝るのだという。(7)

(事例七) 鮭の大助

(前略)

佐渡ヶ島を朝たって、それから酒田の港にいき、そこから最上川をさかのぼっていると、ちょうどエビス講の夜になっていた。「鮭の大助、今のぼる。鮭の大助、今のぼる」と、大声で叫びさけび、ようやく帰りつくことができた。

村の人たちは、エビス講の夜に、この叫び声を聞くと、よくないことがおこるといっておそれ、みな、餅つきや酒盛りをして、にぎやかにさわぐのをならわしとして、これを「耳塞ぎ餅」といっている。また、その夜は、魚の張り網や簗の片方をあけて、魚とりはしないことにしている。最上川筋では、十月二十日（旧暦）の「鮭の大助」以後でないと、鮭漁は解禁しない。(8)

（この昔話は「全国昔話資料集成1」佐藤義則編『羽前小国昔話集』に「簗掛け八右衛門と鮭の大助」として収録されたのが最初である。標準語に改められた今回のものを採用した）

以上の事例一〜七は、村山・最上地方の事例であるが、これらの大助譚に共通する点は、旧十月二十日（事例一、三、七）の恵比寿講の夜に、鮭の大助（サケノスケ、鮭のよお）が「鮭の大助、今のぼる」「サケノスケ、今通る」「鮭のよお、いまのぼんぞう」などと叫びながら川をのぼってくる。ただ、事例六は特異で、鮭の大助は山中にすむ怪物であり、「川をくだる」とある。この叫び声を聞くと、「早死する」「急死する」「三日と生きられない」（事例一、二、三、五）とか、「悪事がおこる」「よくないことがおこる」（事例六、七）とされ「川辺に行かぬようにしている」（事例二）「早く寝るようにといましめている」（事例三など）とか、「太鼓を叩き鉦をならし、大声で唄を歌って川祝いをして、大助の声を聞かないようにしている」（事例五）「餅つきや酒盛りをして、にぎやかにさわぐのをならわしとして、これを耳塞ぎ餅としている」（事例七）などの禁忌が語られている。そして、「この日は簗を休み」「簗の一方は開けておき、鮭が登れるようにしていた」（事例五）「その夜は、魚の張り網や簗の片方をあけて、魚とりはしないことにしている」「十月二十日（旧暦）の〝鮭の大助〟以後でないと、鮭漁は解禁しない」（事例七）とある。

庄内地方の事例を挙げる。

（事例八）十二月十五日の晩はオースケ、コースケである。温海町には鮭のとれる川が四本もあるので流域にオースケ、コースケの祭りがある。この日の日暮れ方「オースケ、コースケ今のぼるぞー」、「イゴザーイ、イゴザーイ」と叫びながら、鮭の親玉のオースケが家来のコースケを連れて、川中を明るくしてゴーゴーと水音を立てて上流に上っていくというのである。この声を聞いたり、その姿を見たりすると、三日のうちに死ぬと恐れられているのである。オースケは、大鮭でメッコだという。この音を聞かないように、夕方にトントン臼の音を高くさせて餅をついたり、この餅で耳をふさいだりしたという。昔は村中で鮭を取っていたから、川端の家だけではなく村中で餅をついてオースケ、コースケの祭りをやった。この晩は鮭とりにはぜったい行かないものとされている。しかし、どうしてもこの晩網をうたなければならない時には網の目を二つ切って打てといわれている。また、この晩は外に出てもいけないというので、子供は夕食に餅を食ってさっさとねかされる。(9)

（事例九）（山形県東田川郡）

「川辺の集落では、旧十一月十五日に、この日まで漁獲された鮭の精霊が『オースケイマノボル』といって川を遡るという。人はこの声を聞くと三日のうちに死んでしまうので、漁を休み、声を聞かぬように耳フタギ餅を食って酒を飲んでさわぐ。(10)」

庄内地方の事例をみても、基本的な語り口は内陸地方（最上・村山）と変わっていない。「オースケ、コースケ今のぼるぞー」「オースケイマノボル」という叫び声を聞かぬよう耳塞ぎ餅をするなどの禁忌は内陸地方と共通している。山形県はほぼ一本の最上川水系から成り立っているからだろうか。

つぎに山形県以外の事例を秋田、岩手、青森県から一例ずつ挙げてみる。

（事例十）（秋田県仙北郡峯吉川村）（現仙北郡協和町）

鮭を獲るのであつたが、年に一度、彼岸の中日には漁を休み、網に穴を開けて魚を素通りさせる慣例であった。或年のこと、村人の一人が穴を開けることを忘れて、翌朝行って見たら、大きな大きな鮭の王スケが入つてゐた。

大抵なら罰が当ると思って放してやるのに、その人は無謀にもその大鮭を煮て食ってしまった。其夜のこと、殺された王スケが夢枕に立って、お前の家へ末代まで祟ってやると告げたが、以来同家には代々不具者が生れる。それから又、毎年その日になると鮭が

王スケ　小スケ　今遡ぼる

と叫んで川をのぼって行く。うっかりその声を聴く者は患った揚句、死んでしまふので、其日は誰も網小屋へ行く者はなかつたといふ。(11)

（事例十一）九七番　鮭の翁

気仙沼花輪村の竹駒と云ふ所に美しい娘があった。或時此娘を一羽の大鷲が攫《さら》って、有住村の

角枯らし淵に落した。すると淵の中から一人の老翁が出てきて其背中に娘を乗せて、家に送り届けてくれた。

実は此老翁は鮭の大助であった。そして後に其老翁は強いて娘に結婚を申込で遂に夫婦となった。その子孫は決して鮭を食はぬさうである。(12)

（事例十二）（青森県中津軽郡相馬村）（現弘前市）

「大助部落を流れる作沢川に、むかしはサケがたくさん上って来た。そのころ近くの山に隠れ住む鬼が現れて来て、サケが川をのぼるのを待ち、真夜中に川の中に立ちはだかって〝オオスケ、コスケ今のぼる〟と呼《ママ》んで、サケを手づかみにして食ったという。この声を聞いたものは、たちまち血を吐いて死ぬといわれ、村人は恐れてサケが上るころの夜は家から出なかったという。(13)」

事例十の秋田県の場合、「王スケ、小スケ、今遡る」という叫び声を聞くと死ぬと語られる点、山形県の大助譚と同じである。ただ、最上や庄内地方で語られる耳塞ぎ餅習俗は語られていない。もう少し多く、秋田県の事例を調べる必要がある。彼岸の中日に漁を休むとか、鮭の王スケを食った者の家に祟りがあつて、代々不具者が生まれると語られるところは、背景に神仏の祟りを窺わせるが、具体的に神仏は語られていない。

岩手県の佐々木喜善が集録した事例十一は鮭の大助が老翁に変身しており、ある娘と夫婦となったので、其の子孫は鮭を食わないという禁忌談である。鮭を人間と同じに考えるアニミズム観と鮭の子孫であるから鮭を食わないというトーテミズム観が特徴的に表現されている点はすでに述べた。
青森県の事例十二では、山中に隠れ住む鬼が登場し、しかもサケを食う主人公として語られるところが他の事例と異なる。事例六の山形県西川町水沢の場合は、山にすむ怪物として鮭の大助が出てくる。なぜ、このような大助譚が発生したのか、山中に住む鬼、怪物とは何者なのか等謎を秘めている。なお、「鮭の助、今ここ通る」「鮭の大助、今のぼる」とか「オースケ、コースケ今のぼるぞー」といった叫び声は、山形県、秋田県、青森県といった日本海側で語られており、それに伴う耳塞ぎ餅などの禁忌が登場する。ところが太平洋側の岩手県の事例には、これからも検討するが、これらのことが語られないことに留意する必要がある。

[類型B] 禁忌や祟りが特定の寺社や神仏の信仰との関りで語られるもの

(事例十三) 旧十月二十日夜に、寒河江川をサケノオオスケ、マスノコスケというものが揃って大井沢・大日寺の地蔵様参りにのぼってくるという。[14]
(事例十四) 旧十月二十日夜、サケノスケというものが朝日岳のお大日様へ参詣に寒河江川をさかのぼってくるので、大井沢ではその後にサケを捕るようにといましめている。[15]
(事例十五) (真室川町安楽城) 小国のお大日様の祭りに供える鮭は、背中に十字のたすきをかけているという。だから大沢川の川筋では、祭りの七日も前から川端に行かないようにしている。万一にも、この注連掛けの鮭を獲ってはならないからである。[16]

（事例十六）御所神社縁起

社ノ背面ヲ流ルル赤井川ニ、注連掛鮭ト称スル魚毎年秋季ニ上リ来ルアリ、土人之ヲ御所神ノ生贄ナリトテ捕フル者無シ(17)

（事例十七）阿弥陀魚（河北町）

（前略）

「阿弥陀寺」になったんですと。

この寺の前には、子どもなど跳びこえられないほどの広い川がありましたと。ふしぎなことに、この川をのぼって「阿弥陀魚」という大きな魚が、寺まいりにやってくるんでしたと。なんでも、その魚の背中には、まるでおじゅずをかけたようなもようになって、うろこが並んでおりましたんですと。

「ああ、また、阿弥陀魚、阿弥陀如来さまばおまいりに来た」村人たちは、つかまえもしないで見ていたんですと。

その阿弥陀魚は、ちょうど寺の前までくると、またもどっていくのだったんですと。

それでもある年のことですと。西小路の男が、その阿弥陀魚をとって、食べてしまったんですとよはあ。

「なんだってまず、阿弥陀魚ばとったなんで、ばちあたるべな」みんな心配しましたけれど、「ばちなどあたらね。うまいばりだっけ」

そこの家の人たちは、平気な顔しておりましたと。それからというもの、阿弥陀魚は見られなくなったんですと。

どのくらい年数たったかわかりませんが、そのうちに、その男に、わるいことばかり起こりましてな、家の人たちもつぎつぎにいなくなって、とうとう男も夜逃げしていなくなってしまったんですとはあ。(18)

（事例十八）東漸寺の鮭（天童市津山）

一向上人の徳は禽獣にまで及び、鮭までも参詣に来た。鮭は首に数珠をかけて、細々と枯れ果てた東漸寺前の川を上り、しかも高い石段を登って参詣するといわれている。現に鮭の体には数珠の型が明瞭に見られ、又、石段に苦しみつつはね続けていた鮭を見た人もあるといい伝えられている。又その鮭を捕らえて食べたために、仏罰があたり一家破滅の悲運に遭った人もあるという。(19)

（事例十九）鮭の大助

（前略）

師走七日の晩、八兵衛が川端で待っていると、「鮭の大助いま下る、鮭の大助いま下る」の大声が聞こえ、やがて山のように大きな大助が現われた。大助は八兵衛を目にすると、烈火のように怒り出したが、八兵衛は犬から教えて貰った通り、今後は一切川魚を獲らないと約束して、背中に乗せて貰った。

こうして、いくつかの山と谷を過ぎて、漸く村里にでた。村々では師走七日の晩だというので、みな行屋に集まり、鉦や太鼓をたたき「さんげ、さんげ、六根罪償、お注連は八大どうぐの童子の一の如来、南無帰命頂来、南無帰命頂来」と唱えていた。大助の声を聞くと、来年は不作になるというので、村中行屋に集まって「押せ、押せ」と大騒ぎをしているのである。頃合いをみて、八兵衛は大助から降ろして貰い、久しぶりに我が家に帰ることが出来た。[20]

事例十三では、大井沢大日寺の地蔵様参り、事例十四では、マスノスケが朝日岳のお大日様へ参詣にのぼってくるから、その後に鮭を捕るという。事例十五では、真室川小国の「お大日様の祭りに供える」注連掛けの鮭は獲らないように気を付けているという。また、尾花沢市の赤井川に上り来る注連掛鮭は「御所神の生贄」なので捕らえる者が無いとある（事例十六）。県内では、中山町の岩谷観音などで、鮭を供物としていたことが分かっており、鮭が神聖なものとして扱われた証拠がある。なお、事例十三～十六においては神仏の祟りは語られない。

事例十七の阿弥陀魚（河北町）では「背中に数珠を掛けたような模様」のある阿弥陀魚が、同町溝延の阿弥陀寺参りに来ておったが、ある男が食べたら悪いことばかり起こり、一家離散したと語られている。この話は阿弥陀寺の北畠りきさんが語られたとあるので、割愛した前半の部分からも窺われる当寺の縁起に関わる話であろう。似たような話が天童市津山にも伝えられており、事例十八（東漸寺の鮭）では「東漸寺の鱒《ます》」となっている異伝[21]もあるが、内容はほぼ同じで、「首に数珠をかけた鮭」が東漸寺に参詣に来る。これは時宗一向派を開いた一向上人の徳を慕ってのことであると語られる。そして、その鮭を捕らえて食べた人は仏罰があたり、一家破滅の悲運に遭ったという。事例十七、十八に共通することは、寺院に参詣に来た「数珠をかけた鮭（鱒）」を捕まえて食べたので、一家離散や一家破滅の仏罰にあった人がいるという内容である。事例十八で、一向上人の徳が語られていることに注意するべきである。両話の場となっている阿弥陀寺と東漸寺（廃寺）は、以前、旧時宗一向派寺院であったからである[22]。鮭を神聖化する民俗的土壌の存在したところに、時宗一向派の布教で強調された念仏や一向上人の徳が結びついた可能性がある。

事例十九は「さんげ、さんげ」の行事で村人が行屋に集まって唱え事をすることと関わり、鮭の大助譚が語られる。大助は「川を下る」と言われるし、その声を聞くと、「来年は不作になる」とも語られるところに特徴がある。

［類型C］禁忌や祟りが過去の出来事との関りで語られるもの

（事例二十）遠野の裏町に、こうあん様といふ医者があって、美しい一人の娘を持って居た。其娘は或日の夕方、家の軒に出て表通りを眺めて居たが、其のまま神隠しになって終にゆくえが知れなかった。それから数年の後のことである。此家の勝手の流し前から、一尾の鮭が跳ね込んだことがあった。家では此魚を神隠しの娘の化身であらうと謂って、其以来一切鮭は食わぬことにして居る。今から七十年ばかり前の出来事であった[23]。

（事例二十一）大井沢では、むかし、鮭の大助が先導して、米沢の軍勢を案内したと恐れ、この晩は外に出ないようにしているという。(24)

事例二十は、遠野の医者の娘が神隠しにあって、鮭を娘の化身と信じ、鮭を食わない家の話である。この話の聞き取りは大正九年とあり、「今から七十年ばかり前の出来事であった」と語られているので、江戸時代末に、このような出来事があったのであろう。

事例二十一は「鮭の大助が米沢の軍勢を先導、案内して来た」という他に例を見ない語り口になっている。この大助譚を考える上で、『大井沢中村の民俗』(25)に載っている次の伝説が参考になる。

「昔、カゲカツ（上杉景勝か）が刈り上げに大井沢を通り、民家の餅を皆とって食ったという」とある。「関ヶ原・出羽の戦」の時、米沢の軍勢（上杉景勝の軍）が大井沢部落にも来て起こった出来事と関係があると考えられないか。それ程、鮭の大助も怖れられたことが分かる。

［類型D］禁忌や祟りがA～Cの複数の類型が組み合わされて語られるもの

（事例二十二）九九番　鮭魚のとおてむ

昔、遠野郷が未だ大きな湖水であった頃に、同町宮家の先祖が、気仙口から鮭に乗って、比郷へ入って来たのが、比郷での人間住居の創始であると謂ふやうに語られてゐる。此家の幾代目かの主人、大層狩猟が好きであった。（中略）

今泉と川を隔てた高田とには常に鮭漁場の境界争ひがあって、時には人死などさへもあった。そんな時には其人の仲裁で何方《どっち》何方も納まって居たが、或年鮭が不漁なところから人気が悪く重ねて例年の川の境界争ひも今迄になく劇しかった。日に夜に打ち続いて漁師が川の中で闘争を続けてゐた。（中略）

そして漸く経つと暴風雨が起って、其人が自害した辺に中州が出来上がった。それで両地の境界が定まって、自然と川争ひも絶えたと謂ふ。

其後其の人の子孫は先祖の故郷の遠野へ帰った。そして先祖が鮭のために生き又鮭のために死んだのであるからと謂ふので、家憲として永く鮭を食はなくなった。若し食へば病むと伝へられて今でも固く守って居る(26)。

（事例二十三）九八番　鮭の大助　同郡竹駒村の相川と云ふ家に残る昔話である。比家の先祖は三州古河ノ城主であったが、織田信長との戦に負けて、遙々と奥州へ落ちのびて其所に棲まって居た。或日多くの牛を牧場に放して居ると、不意に大きな鷲が来て子牛を攫って飛び去った。（中略）

其所へ何処から来たのか一人の白髪の老翁が現はれて、お前は何処から此所へ来たのか、何の為に来られたか、難船にでも遭つたのなら兎も角にこんな所へ容易に来られるものではない。此所は玄海灘の中の離れ島であると言った。主人は今迄の事を物語って、如何かして故郷へ帰りたいが、玄海灘と聞くからには既に其望みも絶えてしまつたと歎くと、老翁は、お前がそんなに故郷へ帰りたいなら、俺の背中に乗れ。さうしたら、必ず帰国させて遣らうと言った。主人は怪訝《けげん》に思って、それではお前様は何人で、また何処へ行かれるとかと訊くと、俺は実は鮭ノ大助である。年々十月二十日にはお前の故郷、今泉川の上流の角枯淵へ行っては卵を生む者であるとのことであった。そこで恐る々々其老翁の背中に乗ると、暫時《しばらく》にして自分の故郷の今泉川に帰っていた。

斯う謂ふ訳で、今でも毎年十月の二十日には礼を厚くして此羽縄に、御神酒供物を供へて今泉川の鮭漁場へ贈り、吉例に依って鮭留数間を開ける事にすると謂ふのである。(27)
（末崎村及川与惣次氏より報告。大正十四年冬の頃）

事例二十二は、遠野郷の人間住居は気仙口から鮭に乗ってきた宮家の先祖が始まりだという言い伝えで、その家の幾代目かの主人が鷹にさらわれるが、大鮭に乗って気仙の今泉に帰ってくる（俗説）。そこで鮭漁場の帳付という役人になるが、鮭漁場の境界争いを解決するため命を捨てることになる（過去の出来事と思われる）。その人の子孫は遠野に帰っても「先祖が鮭のために生き、鮭のために死んだのだから」家訓として鮭は食わないのだという。

事例二十三は、先祖が三州古河の城主であったが、織田信長との戦に負けて奥州に落ちのびて来た（過去の出来事と思われる）。その家の主人が猛鷲にさらわれて、玄界灘の離れ島に連れていかれるが、鮭の大助の背に乗り、故郷の今泉川に帰ってくる（俗信）。今でも毎年十月二十日には礼を厚くし、御神酒を今泉川の鮭漁場へ贈る。また、鮭留数間を開けることにしているという。

両話とも、岩手県に伝わる伝説で、過去の出来事と俗信的な大助譚が結び付いて語られるのはなぜか。検討課題である。

三、まとめ

これまで、鮭の大助譚の事例として四つの類型に分け、そこに語られる禁忌や祟りについて、それぞれ若干の分析を試みた。しかし、この四つの類型分けは良く考えてみると、類型間に明確な境界がある訳でないことに気付く。たとえば、類型Ａ（俗信）に入れたものの中に、二十講、エビス講の夜、あるいは彼岸の中日に大助がのぼると語る事例が一、三、七、十にある。エビス講はエビス信仰の行事であるから、それに関わる鮭の大助譚は類型Ａ（俗信）とはせず、類型Ｂ（寺社・神仏信仰）に入れるべきかも知れない。しかし、どれほど明確にエビス信仰と鮭の大助の関わりを意識していたか語られていないので、類型Ａに収めたのである。なお、鮭の大助とエビス信仰については後で多少述べる。

また、類型Ｃ（過去の出来事）に二例挙げたが、事例二十、二十一とも実際あった出来事と考えられるが、それを示す文書や史料が確認できないので、推測の域を出ない。したがって、類型Ａ（俗信）に入る可能性もある。

類型Ｄ（複合）においても、過去の出来事と思われることが語られているが（事例二十二、二十三)、類型C同様、それを示す史料が存在する訳ではない。

したがって、四つの類型分けは便宜的な試みであり、鮭の大助譚を理解するための方便と言える。

日本海側の川筋で顕著なことだか、前述したように、「鮭の大助　今のぼる」等の叫び声やそれを聞かぬよう耳塞ぎ餅をする習俗がある。この禁忌(物忌み)の始原については諸説がある。いま二件の説を紹介し考察する。神野善治は「鮭の大助が川を上る日に厳しい物忌みが護られることと、西宮神社の十日戎の宵の物忌みの厳しさ(居籠祭、斎居祭、いみごもり)がよく似たイメージを持つ」とし、「エビスは元来、海上から漂着した霊威ある神格である。海の彼方の異郷から来臨する荒々しい性格をもつ神であり、漁をもたらす神として広く漁民の間で信じられてきた神であった」が、中世以降、神格が変容し、家の神、農作神として祀られ、七福神の一員として、商売繁盛、金儲けの神としてもてはやされるようになったと述べている。また、「従ってオオスケは神の使者というよりも、豊漁をもたらすエビス神そのものであると考えられるからこそ、その来訪に際して厳しい物忌みが要求されたといえるのである」とし、鮭の大助譚に語られる禁忌を説明している(28)。

一方、谷川健一は「オオスケ、つまり鮭の王が眷属をつれて川をのぼるという伝承は、多く東北各地にみられる。そして、その声を聞かないようにと耳を塞ぎ餅をついてたべるというのは、ミミフサギモチ(耳塞ぎ餅)といって、同じ年齢の者が死んだときには、訃報を聞かないように、いそいで餅を耳にあてがう風習に由来する」とし、「これでみると、東北の人たちは、沿海や付近の川に年中姿をみせている魚と違う神秘的な雰囲気が鮭にあることをみとめ、鮭の王を同齢者とおなじ感覚でとらえていたことがわかる。鮭の王がさかのぼるときに、その声を聞いたものは死ぬという強い畏怖は、他の海の生物には見あたらない。この畏怖は……、アイヌが鮭がのぼるころにその豊漁を祈願して、大声を立てないようにするという習俗と関係があるのではないか、また親しい同齢感覚をおぼえるというのは、一歩すすめれば、鮭を先祖とする意識にもつながっていくだろう(29)」と北方のアイヌの人びとの観念にも通じるアニミズム観に基づく見解を述べている。

確かに、神野善治と谷川健一の説は一般論としては、優れた示唆に富むもので、有力な説といえよう。ただ、各地域で語られている大助譚の事例を多く見てきたが、エビス信仰との関りが明確には語られていないものも多いし、耳塞ぎ餅の習俗はにぎやかで、物忌みの厳しさは感じられないし、岩手県の遠野、気仙地方では語られない。先祖の過去の出来事との関りで語られているものもある。また、特定の寺社の神仏信仰との関わりで語られるものも、東漸寺の鮭(事例十八)などいくつかある。なかには過去の出来事と考えられる事に関わって語られる禁忌もあり(事例二十一など)、禁忌の理由付けはさまざまなのが実態である。

谷川健一は、また鮭を食わぬ家の話についても触れており、九州の福岡県嘉穂町の事例を挙げている。調べてみたら、次のような資料が存在した。

鮭神社（前略）

社伝によると毎年十一月十三日の祭日には、必ず鮭が神の使として遠賀川河口、芦屋の海から十二里（約四八キロメートル）余を遡って社辺の川までのぼってきた。その年は豊饒であったという。氏子の人々は、鮭を神の使徒として崇めたという。現在においても、ここの人々は鮭を喰べない習慣があるという。

〔資料〕（前略）

筑前国続風土記拾遺＝鮭大明神祭礼の旧暦九月廿三日又は十一月十三日頃此社に奇事あり毎年鮭が社辺の川に上り来ることありといぶかしきに似たり　長さ二、三尺の鮭が社辺まで上り来るがこれ海神豊玉姫が御子葺不合尊の許へ御使として遺し玉ふものであり、上大隈から遠賀川の河口芦屋の海までは十二里余この間百以上の井堰有無事に上り来ればその年は豊作でありこれを途中で捕えて食べれば災禍に遇ふと云ひ盲目になるとか家が絶える等云ひ伝えも広く信じられていて鮭を神の使とする村の氏子の人々は今だに鮭は喰べない習慣が残つてゐる（鮭は神の使として崇められているから）。（福岡県鮭神社『嘉穂町史』より抄録[30]）

鮭は日本海側では、九州の福岡県まで、かつて遡ったが、福岡県の嘉穂町にある鮭神社には毎年十一月十三日頃（旧暦九月廿三日）に、鮭が神の使いとしてのぼってきたとある。のぼる年は豊作であり、捕らえて食べれば災禍にあう、家が絶えるなどと信じられているので、未だに鮭を食べない習慣がのこっている。ここでは鮭は神の使とされ、東北地方で語られる鮭の大助は鮭の王であったり、鮭の精霊と語られているのと異なるから、起源も異なるものであろう。ただ、祟りが山形県天童市津山の事例十八（東漸寺の鮭）と似ており、地理的に両県は遠く離れているが、東漸寺の一向上人は暦仁二年（一二三九）、筑後国（福岡県）に生まれ、弘安元年（一二七八）、現在の天童市にあった成生庄に下向し、仏向寺を開き時宗一向派の布教に努め、県内に多くの寺院を開基したと伝えられているから、あながち無関係とも言えないであろう。

この小論を書くに当たり、御教示いただいた野口一雄、大友義助、犬塚幹士、那須恒吉、梅木寿雄の各氏に感謝申し上げる。

注

（1）『日本民俗大辞典　上』（一九九九年　吉川弘文館）
（2）櫻井徳太郎編『民間信仰辞典』（昭和五十五年　東京堂出版）
（3）淺黄三治「鮭の大助異聞」『村山民俗第10号』（一九九六年　村山民俗学会）
（4）佐藤義則『大井沢中村の民俗』（昭和四十三年　佐藤義則）
（5）『月山山麓月山沢・四ッ谷・砂子関・二ッ掛の民俗』―寒河江ダム水没地区緊急調査報告―（昭和五十一年三月　山形県教育委員会）
（6）大友義助『山形県最上地方の伝説』（一九九六年　東北出版企画）
（7）大友義助「伝説を考える①鮭の大助」『季刊民話第二号』（一九七五年　一声社）

(8)須藤克三・野村純一・佐藤義則『日本の伝説4出羽の伝説』(一九七六年　角川書店)
(9)佐藤光民『温海町の民俗』(昭和六十三年　温海町)
(10)野村純一「鮭の大助」『日本伝説大系3』(一九八二年　みずうみ書房)
(11)武藤鉄城『秋田郡邑魚譚』(一九四〇年　アチックミューゼアム　引用は一九九〇年、無明舎出版による)
(12)『佐々木喜善全集(一巻)』(一九八六年　遠野市立博物館)
(13)森山泰太郎『陸奥の伝説』(一九七六年　第一法規出版)
(14)前掲4
(15)前掲4
(16)前掲7
(17)『北村山郡史上』(一九二三年　北村山郡役所　復刻一九六七年　名著出版)
(18)烏兎沼宏之『やまがた伝説考』(一九九三年　法政大学出版局)
(19)『山形県伝説集』総合編(昭和三十五年　山形県立山形東高等学校郷土研究部編)
(20)前掲7
(21)須藤義雄採集「縫い目なしの衣　龍姫物語」『大天童の歴史と伝説』(昭和三十一年　天童ペンクラブ・天童郷土研究会編)
(22)『成生庄と一向上人—中世の念仏信仰—』(平成九年　天童市立旧東村山郡役所資料館)
(23)柳田国男『新版遠野物語　付・遠野物語拾遺』(平成十六年角川文庫)

(24) 前掲7
(25) 前掲4
(26) 前掲12
(27) 前掲12
(28) 神野善治「鮭の精霊とエビス信仰―藁人形のフォークロアー」谷川健一編『日本民俗文化資料集成第19巻』(一九九六年 三一書房)
(29) 谷川健一『神・人間・動物―伝承を生きる世界』(昭和六十一年 講談社)
(30) 谷川健一編『日本民俗文化資料集成第19巻』(一九九六年 三一書房)

三 鮭の大助譚の始原考

一、はじめに

これまで一節で『「鮭の大助譚成立についての一仮説』を書き、二節『鮭の大助譚に語られる禁忌と祟り』では禁忌と祟りの類型分けを試みた。これらの論考をまとめる過程で理解に苦しむ伝承があることに気付いた。鮭の大助は海から川をのぼるとせず、「鮭の大助は山中にすむ怪物である」、「山から川を下る」、「山に隠れ住む鬼」、「軍勢を案内した」、「以前、家で飼っておった犬と猫が山中のマタギになっておって、鮭の大助のことを教える」といった内容である。これらの伝承には怨霊的なものを感じるが、大助譚の始原を考察してみる。

二、鮭の大助譚に語られる「村建て神話」

一部の大助譚には鮭の背に乗って来た人がその土地に村や郷、田を初めて拓いたとするものがある。「鮭の背に乗る」との表現は遠い昔に人々が産卵のため遡上する鮭を追って、川上へと生活圏を広げてきた事を言っているのだろう。また、その人たちが村や田を拓いたとする伝承は古い記憶に基づくとすれば、稲作を始めた頃の村建てを語っているのだろう。村建て神話と考えられる岩手県と山形県の大助譚の一部を取り上げ、検討してみる。『佐々木喜善全集（一巻）』(1)には、

「九九番　鮭漁のとをてむ

昔、遠野郷が未だおおきな湖水であった頃に、同町宮家の先祖が、気仙口から鮭に乗って、此郷に入って来たのが、此郷での人間住居の創始であると謂ふように語られてゐる。（中略）（鈴木重男氏談話の三。遠野の口碑であるが、又曰、宮家が鮭魚に乗って気仙口から遠野の湖に入って来た当時には、鶯崎とか愛宕山などに穴居の者が一二軒あったと謂う。云々。）」とある。これとほぼ同じ内容の話が柳田国男の『遠野物語拾遺』(2)に収められている。両方の話では、宮家の祖先が鮭に乗って遠野郷に入って来たのが人間住居の創始とするが、既に穴居の人が数戸あったという。穴居とは自然または人造の穴に住むことで原始的な生活を指す。つぎに山形県最上町に伝え

られた事例にも、

「昔々、まだ誰も小国郷さ人ァ住みつかねェ昔。川なり、サケノオオスケづ大っけな鮭さ乗って、のぼってきた人ァ有ったド。ほの人、初めで小国郷ば拓いだならド。ほの子孫の家ァ、ほんで鮭食《か》ねェ事えしてるな、こうゆう訳けあっさえらて、オラ、亡母《はは》から聞いだった。(3)」

「小国郷のはじめは、大昔、小国川を鮭の大助という大鮭の背に乗ってのぼり、山ふかい中に田を拓いたのをはじめとして、その子孫は後々まで、鮭を断ちものにして食わないことにしていたといわれるが、今は伝承のみで、鮭を食わぬ家系は弁天信仰のもののみである。(4)」とある。これら二話ともに遠野郷と同じ村建ての伝承であるが、遠野郷のものは宮家の祖先のこととし、当時の遠野郷の環境も具体的に語る。最上町小国郷のものでは、単なる鮭でなく、鮭の大助（サケノオオスケ）が登場してくる。また鮭を食わない禁忌が村建てとの関りで語られている。これには、むやみに鮭を捕獲して鮭の子孫を絶やすことのないように戒める意味もあったのではないかと思う。

三、福島県南相馬市の新田川河口にある赤鷺神社の由来記

文献(5)によると「新田川の漁民は、慶長十八年（一六五九）、泉十一面観音の分霊を大磯惣ヶ沢河口に祀り、明神社と称して鮭大漁を祈願したが、沿岸浸食により惣ヶ沢一の四に移転、鮭取り漁民の一層の信仰を集めてきた。藩政時代も終わり、明治に入るや神仏分離令により神社となる

ため、当時の漁民が考えた末、昔、新田川河口に赤鷲が現れ、鮭をくわえて天高く舞い上がり、遠くに去っていくのを見た古事《ママ》にのっとり、鷲は豊漁の使いであるとして、明治四年、明神社を赤鷲神社と改め、以来大漁の神様として地域漁民の信仰を深めた」とある。鮭をくわえて天高く飛んでいく赤鷲にちなみ、鷲を豊漁の使いとして赤鷲神社に祀ったことが書かれているが、鮭の大助譚では鷲や鷹は人や牛をさらう外敵として登場する。アイヌでは鮭を捕らえるシマフクロウをコタンの神として厚く敬うので、鷲を豊漁の使いとする信仰が福島県に存在することにそれほど違和感はない。

残念なことに、東日本大震災で新田川河口にある赤鷲神社は津波の被害を受けたかもしれない。福島第一原子力発電所の三十キロ範囲内にあり、放射能の関係で調査に行くのがためらわれる。

四、南相馬市の真野川の河口にある浮州明神について

赤鷲神社が記されている文献には浮州明神という名称の神社が紹介されている。

「真野川の河口に浮州明神が祀られているが、サケの豊漁を祈るので俗に鮭川明神と称し、サケ漁の始まる九月には神酒を捧げて、法楽を催し、サケの供養をしたといわれる」(6)とある。サケ漁が始まる九月には、神酒を捧げて法楽を催したとあるが、他の寺社でそのようなサケ迎え、あるいは豊漁祈願を行っているところを筆者は知らない。むしろ、北海道のアイヌが行っていた「サケ迎え祭り」と通ずるところがあるかもしれない。参考に更科源蔵らが記した「サケ迎え祭

り」を紹介しておく。

サケ迎え祭り

「サケが自由にとれなくなってからは、当然廃止になったが、昔は神が送ってくれた魚を迎えるサケ迎えの祭りが各部落《コタン》で盛大に行われた。海岸では河口に沖の神々を祀る祭壇に数十本、数百本の木幣を削り立て、四方の岬や山々、舟着場の神、狐神や魚を送ってくれる神々の名を呼び、うたい踊って、本当のサケ迎えの祭りを行なったのである。(7)」

真野川河口の浮州明神は赤鷲神社と同様に津波の被害を受けたかもしれない。福島県の浜通りの多くの河川にはサケが盛んに遡上して、九ヶ所のサケの簗場があり、鮭祭りも有名であった。これから、鮭の信仰、伝承、祭りはどうなっていくのか危惧される。

五、鮭の大助を「山中に住む怪物や鬼など」と語る伝承

鮭の大助とは、これまで、おおかた鮭の中でも一回り大きな鮭の王あるいは鮭の精霊として語られるので、以前は筆者もそのように受け取っていたが、山中に住む怪物とか鬼と同化して語られるものもある。これをどう解釈すべきなのか考察してみる。

［事例A］「西川町水沢では、鮭の大助は怪物であるから山中にすみ、秋になると川をくだる。この声を聞くと悪事がおこるから、早く寝るのだという。(8)」

［事例B］（青森県中津軽郡相馬村）「大助部落を流れる作沢川に、むかしはサケがたくさん上っ

て来た。そのころ近くの山に隠れ住む鬼が現れて来て、サケが川をのぼるのを待ち、真夜中に川の中に立ちはだかって、〝オオスケ、コスケ今のぼる〟と呼《ママ》んで、サケを手づかみにして食ったという。この声を聞いた者は、たちまち血を吐いて死ぬといわれ、村人は恐れてサケが上るころの夜は家から出なかったという[9]。」

［事例C］（山形県新庄市）

「むかし、柳瀬八兵衛という男が仔牛を連れて歩いていたが、急に鷲に襲われ、仔牛をさらわれてしまった。八兵衛は、なんとかしてこの仇を討ちたいと思い、牛の皮をかぶって待っていたところ、たちまち先の鷲がやって来て、ただひとつかみにし、山の奥まで飛んで行った。八兵衛は必死の思いで、大木の梢につかまり、ようやく鷲から逃れることができた。八兵衛は山の中をさまよったが、日暮れて後、ようやく一軒の家をみつけ、助けを求めたところ、女が出てきて、「あなたは八兵衛ではないか」と言う。八兵衛が驚いていると、女は「実は私は以前あなたに飼われていた猫である。いまは、これも同じくあなたのところにいた犬と一緒になって、ここでマタギをして暮しているのだ」という。

やがて夫が狩から帰ってきて、もとの主人八兵衛が来ていることを知り、あれほどひどい仕打ちを加えた八兵衛を生かしておくことはできないと、鉄砲を向ける。しかし、妻のとりなしで、この場はどうにか無事に収った。

八兵衛は一刻も早く村に帰してほしいと夫婦に頼むが、夫は、一人ではとてもこの深山から出ることは出来ない。師走まで待て。師走の七日になると、鮭の大助《おおすけ》が川を下るから、それに乗って行け。ただし、鮭の大助は、お前がこれまでにたくさんの鮒とか鰍を獲っているので、子も孫もみな獲られてしまったと怨に思い、見つけ次第一呑みにと怒っているから、深く謝って乗せて貰えという。

師走七日の晩、八兵衛が川端で待っていると、「鮭の大助いま下る、鮭の大助いま下る」の大声が聞え、やがて山のように大きな大助が現われた。大助は八兵衛を目にすると、烈火のように怒りだしたが、八兵衛は犬から教えて貰った通り、今後は一切川魚を獲らないと約束して、背中に乗せて貰った。

こうして、いくつかの山と谷を過ぎて、ようやく村里に出た。村々では師走七日の晩だというので、みな行屋に集まり、鉦や太鼓をたたき、「さんげ、さんげ、六根罪償、お注連は八大ごうぐの童子の一の如来、南無帰命頂来、南無帰命頂来」と唱えていた。大助の声を聞くと、来年は不作になるというので、村中行屋に集まって「押せ、押せ」と大騒ぎをしているのである。頃合をみて、八兵衛は大助から降ろして貰い、久しぶりに我が家に帰ることが出来た。(10)」

［事例D］「大井沢では、むかし、鮭の大助が先導して、米澤の軍勢を案内したと恐れ、この晩は外に出ないようにしているという(11)」

事例Aは山形県西川町水沢の伝承であるが、鮭の大助は山中にすむ怪物であるとし、秋になると川をくだるという。そして、その声を聞くと悪事が起こる。すなわち祟りが起こるのである。

秋に川を下る魚はいないし、鮭はもちろん海から川を上ってくるのである。そうすると、山中にすむ怪物である鮭の大助は魚ではなく、別の存在なのではないかと思われる。

事例Bは青森県中津軽郡（現・弘前市）の伝承であるが、大助部落の近くに隠れ住む鬼が〝オオスケ、コスケ今のぼる――〟と呼んでサケをつかみ喰いしたという。この声を聞いた者は、たちまち血を吐いて死ぬと言われた。この事例では鮭のオオスケが鬼と同化しており、鬼が主人公になっている。それで鬼の呼び声を聞くと祟りが起こるのである。

事例A・Bの両話とも禁忌として「早く寝る」とか「夜は家から外に出ない」と説かれている。簗を開けるとかの休漁を促す由来譚とは性質の異なるものと言える。

事例Cは山形県新庄市に伝えられていたものを大友義助が採録したのであるが、氏によると、話者は鮭川沿いの鮭川村川口出身の女性とのことである。

鷲にさらわれた男が山中でマタギの夫婦に会うが、夫婦はかつて家で飼われていた犬と猫であった。復讐されそうになるが、怨みを抱く鮭の大助に謝罪し、鮭の大助に乗せてもらい村里に帰る。村々では「鮭の大助いま下る、鮭の大助いま下る」という鮭の大助の大声を聞くと不作になるというので、村中行屋に集まって大騒ぎしているのである。この場合も事例Aと同様、鮭の大助は川を下る存在とされている。大友義助も述べているように[12]、ここでの主人公は漁撈に携わる柳瀬八兵衛と八兵衛に飼われていた犬猫のマタギ夫婦並びに鮭の大助である。不作（祟り）を恐れる村人（農民か）は従的な存在として登場している。なかでも、犬と猫であったマタギ夫婦が物語の中で中心的な役割を演じている。鮭の大助に乗せてもらい村に帰られるように指南するのもマタギである。マタギと鮭の大助があたかも仲間であるかのように語りつたえられているところにこの大助譚の特徴がある。

事例Dは山形県西川町大井沢で、昔、鮭の大助が米澤の軍勢を案内、先導して来たと語る特異な伝承である。歴史的に米澤の軍勢がやって来た事があったかどうか明確ではないが、事実とすれば、険しい朝日岳山中を案内できるのは、山で生活する狩人などの山人であったと考えられる。その人たちを鮭の大助としているのではないかと理解される。

六、まとめ

岩手県遠野郷では、鮭の背に乗って来た人が此郷での人間住居の創始であると伝えている。ただし穴居生活をする人が少数おったというから、この伝承の時代的背景は蝦夷が活躍した古代にまでさかのぼるのであろうか。

山形県最上町小国郷では、鮭の大助（サケノオオスケ）の背に乗ってのぼってきた人が田を拓き小国郷を拓いたと言う。遠野の伝承では鮭の背に乗ってとしているが、小国郷の方では鮭の大助（サケノオオスケ）に乗って来たと語る。遠野郷より小国郷の伝承に新たな物語の展開が認められる。なお、「鮭に乗って来る」というのは、人間が鮭を追って河上へと次第に生活圏を広げてきたことの表現であろう。遠野郷と小国郷の伝承は村建て神話を伴う鮭の大助譚の始原の一つと言えよう。

　鮭の大助が川というよりも、山中に住む者であることを語る伝承を四例挙げた。山形県と青森県から採録されたものである。鮭の大助が、山中に住む怪物であったり（山形県西川町水沢）、隠れ住む鬼と同化したり（青森県中津軽郡相馬村）、山中で生活するマダギの仲間のようであったり（山形県新庄市）、または軍勢を先導して山道を案内する山人であったりもする（山形県西川町大井沢）。鮭の大助が山中の怪物、鬼、マタギの仲間、山人として語られているのである。そして、いずれの場合も祟りが語られている。「この声を聞くと悪事がおこる」（西川町水沢）、「この声を聞いた者はたちまち血を吐いて死ぬ」（中津軽郡相馬村）、「大助の声を聞くと来年は不作になる」（新庄市）、「軍勢を案内した」（西川町大井沢）と言った有様である。したがって、これらの祟りは、鮭の大助の祟りと共に、山中の怪物、鬼、マタギ、山人らの祟りを強く表現したものになっている。そして異界に住む怨霊の存在を想起させる。これまで、こういった伝承はあまり注目されてこなかっ傾向があるが、もしかすると、彼らもまた鮭の大助譚の始原を担ってきた人達なのかも知れない。鮭の大助譚は、主に漁撈や狩猟を生業とする人達によって川筋や山中の沢沿いで、鮭漁の時期に語られていた。初めの頃は村建て神話となり、鮭を捕る鷲の神格化もあったかもしれない。それが時代の経過と共に、乱獲される鮭の怨霊と支配下に置かれた漁撈採集を生業とする人々の怨霊が合体し、祟りを伴う大助譚が語られるようになったと推測できないだろうか。さらに恵比寿信仰と結びついたりして流布し、特定の寺社信仰の中に取り入れられ、祟りや禁忌も、その信仰に則して語られるようになる。

大友義助は鮭の大助譚の始原について「少なくとも農耕生活を基盤とする時代ではなく、魚や鳥獣・草木を主たる食料としていた時代の人々が生み出したものと考えても、それほど無理ではないだろう。(12)」と述べている。

鮭の大助譚は山形県・岩手県を中心に東北地方と新潟県に分布する。かつては縄文文化が栄え、蝦夷の地であった。鮭の大助譚は東北の風土と、そこで暮らしてきた人々の歴史的背景が生み出した貴重な伝承文化と言えよう。

注

(1)『佐々木喜善全集(一巻)』(一九八六年　遠野市立博物館)

(2)柳田国男『新版遠野物語　付・遠野物語拾遺』(平成十六年五月二十五日　角川学芸出版)

(3)佐藤義則『ききみみ　4号』(一九七七年)

(4)佐藤義則『羽前小国郷の伝承』(一九八〇年　岩崎美術社)

(5)高橋貞夫『ふくしま海の歳時記』(二〇〇〇年七月二〇日　歴史春秋出版)

(6)前掲5

(7)更科源蔵・更科光『コタン生物記Ⅱ』(一九七六年十二月二十五日　法政大学出版局)

（8）大友義助「伝説を考える①鮭の大助」『季刊民話第二号』（一九七五年　一声社）
（9）森山泰太郎『陸奥の伝説』（一九七六年　第一法規出版）
（10）前掲8
（11）前掲8
（12）大友義助「鮭の大助再論」『草木塔ｖｏｌ3』（やまがた草木塔ネットワーク事務局）

四　「鮭の大助」とはなにか――擬人化と怨霊化――

一、はじめに

一部の大助譚には鮭の大助が山中の怪物、鬼、マタギの仲間、山人として語られ、怨霊的な色彩を帯びていることを前に指摘した。これらの事例は「鮭の大助とはなにか」という問題を提起する。一般的に言われる「鮭の精霊」とか「鮭の王」とだけでは片付かない問題が隠されているような気がする。北東北の事例も取り上げ探ってみる。

二、青森県八戸市の大祐《おおすけ》神社の伝承について

『青森の伝説』(1)には「八戸市を南から北に貫流する新井田川《にいだがわ》は岩手県二戸郡から起こって県境

を越え、南郷村島守、そして縄文文化で名高い是川《これかわ》を経て、湊《みなと》町の館鼻《たてはな》漁港で海に注ぐ全長三八キロの流れである」と延べ、「この河口に大祐《おおすけ》神社がある。昔、湊に住んでいた又次郎と長才《ちょうさい》というふたりの漁師は、新井田川に四十八留めの川留めをして、サケを取っていた。ある年、ふたりはその川留めで又次郎は一〇〇〇尾、長才は八〇〇尾という、これまでにない大漁をした。それで、この後もこの河口でサケを取るとき『千魚《せんこ》又次郎、八百長才』と唱えながら、跳び上がるサケの頭を、木の棒でたたいたという。

このふたりを漁の神として祭ったのが大祐神社であるという。別説に工藤大祐という人を祭ったからだともいうが、それは大祐を人の名としたからであって、スケは古くサケを言う言葉であった」とある。この伝説は『陸奥の伝説』(2)にも記載されている。この伝承では、八戸市の大祐神社は漁師の又次郎と長才のふたりを鮭の豊漁を叶えてくれる漁の神として祭ったとも工藤大祐という人を祭ったとも語られているのである。

神野善治は柳田国男の「鮭と兄弟と」を引用し、又次郎と長才の兄弟は主君の工藤大祐に仕《つか》える従者であり、鮭を捕って主君を養ったとあることに触れ、さらに「本来、鮭の名であったはずのオオスケの名にちなんで伝説の歴史化が見え、主人公の名にすりかわっている。伝承の世界ではしばしばこういうことが起きるのである」と書いている(3)。

「スケ」とは『常陸国風土記』の久慈郡の条にあるように、鮭の祖を言う言葉であったのである。風土記に出てくる助川は日立市の地名として現在も残っている。

なぜ擬人化されるのか。鮭は毎年決まった時期に河川に大挙して遡上し、人間の食料となり、生活を支えてくれる重要な魚であった。江戸時代には各藩の財政にとって貴重な産物でもあった。大祐神社の伝説では又次郎と長才は鮭をたくさん捕って、主君の工藤大祐を養ったという話が付け加わっている。そこで、本来は鮭のサケノオオスケが祀られるべきものが何らかの事情で軽視され、鮭の大漁をした又次郎と長才または主君の工藤大祐が崇拝され、サケノオオスケと入れ替わり擬人化されたのではなかろうか。

三、青森県中津軽郡相馬村大助《おおすけ》部落（現・弘前市）の伝承について

『陸奥の伝説』(2)には「鮭のオオスケ」として次のようにある。「中津軽郡相馬村大助《おおすけ》部落を流れる作沢川に、むかしはサケがたくさん上って来た。そのころ近くの山に隠れ住む鬼が現れて来て、サケが川をのぼるのを待ち、真夜中に川の中に立ちはだかって、〝オオスケ、コスケ今のぼるー〟と呼《ママ》んで、サケを手づかみにして食ったという。この声を聞いた者は、たちまち血を吐いて死ぬといわれ、村人は恐れてサケが上るころの夜は家から出なかったという」。現・弘前市相馬の大助にある伝承で、『青森の伝説』にも載っている。ただし、「〝オオスケ、コスケ今のぼるー〟と叫ぶ」となっている。

前節三の『鮭の大助譚の始原考』では、鮭のオオスケがコスケと共にであるが、「隠れ住む鬼と同化している」と指摘した。〝オオスケ、コスケ今のぼるー〟と呼ぶ（「叫ぶ」ともある）声

は、山形県や秋田県の多くの事例では鮭のものになっているのに、ここでは鬼の声になっていることに注意しなければならない。この声を村人は恐れている訳で鬼が主人公になっているのである。鮭の大助が山中に住む怪物、マタギの仲間、山人として語られる事例が三例、山形県にあることも前に紹介した。

鬼の伝説は青森県の各地に分布する。(1)「岩木山の大人《おおひと》」、「赤倉の大人」「八甲田の大人」、「中山の大人」、「鬼田」などで、弘前市の鬼沢《おにざわ》には鬼神社というお宮がある。田の開墾を鉄の鍬を使って手伝うとか大量のタキギやシナの木の皮を運んでくれたりする。津軽地方には村や家、個人を守る優しい鬼をあがめる信仰があり、節分には豆まきをせず、五月の節句の時、ショウブを軒にさすことはしない。鳥居に鬼の像を掲げた神社が約三十ヵ所もあるという。(4)

『東北の鬼』(5)の中で、大湯卓二は青森の鬼伝説には四つのパターンがあるとし、「岩木山の大人」などに登場する大人(鬼)は「少なくとも人間に恐怖を与え、災をもたらす嫌われた鬼と異なり、むしろ人間を加護し救済してくれる善神的性格を有していると解釈できる」とする。また、青森県の鬼伝説の中で最も多い鬼は坂上田村麻呂の蝦夷征討と関わって現れるとする。他に「安達ヶ原の鬼婆々」のように人間(女)が鬼と化すもの、「大人の足跡」とか「鬼の土俵・ツボ」など鬼の驚異を語る伝説があると述べている。

それでは鮭のオオスケ、コスケと共に登場する大助部落の鬼はどのパターンと言えるか。「オオスケ、コスケ今のぼるー」という鬼の声を聞くとたちまち血を吐いて死ぬと村人に恐れられているから、「岩木山の大人」などに出てくる善神的性格を持つ鬼とは捉えられない。坂上田村麻呂の蝦夷征討の話も登場しない。「安達ヶ原の鬼婆々」のように人間が鬼と化す過程の話とも異なるし、「大人の足跡」など鬼の驚異を語るパターンは「直接人間と関わる伝承が希薄で、ただ鬼の驚異を断片的に伝えている。もともとは大人伝説に連なる善神的要素が忘れられ、鬼の驚異だけが残った」と大湯卓二は述べている。とすると、大助部落の「鮭のオオスケ」に語られている鬼は大湯卓二の言うどのパターンなのか明確にできない。ただ、『青森の伝説』には「ねぶた由来」が載っており、坂上田村麻呂の蝦夷征討とねぶたの由来が語られている。その中に、蝦夷には「川の魚を、まるで動かぬ石をつかみとるように手づかみで捕らえる男がいる」と語られる。これは「鮭のオオスケ」の鬼が「真夜中に川の中に立ち、鮭を手づかみにして食った」という語りと相通ずるものがあるから、山に隠れ住む鬼と蝦夷に何らかの関連が窺えそうに思う。それも、「オオスケ、コスケ今のぼるー」の声を聞いた者は、たちまち血を吐いて死ぬと村人に恐れられているから、怨霊的な性格を帯びた鬼と言えそうである。

四、まとめ

鮭の大助は一般に「鮭の精霊」「鮭の王」などと理解されているが、鮭の大助が老翁などに擬せられたりもする。岩手県の事例で、鮭を神隠しにあった娘の化身とする話や美しい娘が鮭の大助である老翁と結婚する話、玄界灘の離れ島から故郷の今泉川まで、背に乗せてくる鮭の大助である老翁の話がある。また、山形県各地に、「鮭の大助、今のぼる」とか「サケノスケ、今ここ通る」「オースケ、コスケ今のぼるぞー」という叫び声があるので、酒盛りをして騒いだり、餅つきをしたり、餅で耳を塞いだり、いわゆる「耳塞ぎ餅」とか「オースケ、コスケの祭り」をする習俗があるが、これらは鮭を特別な存在とみなし、人間の同齢者と同じように捉える観念があるように考えられる。死の穢れを避けようとした一種の鮭の擬人化と言えよう。

産卵後死んだ鮭（山形県寒河江川）

なお、鮭は河川に遡上、産卵した後に死ぬ。その死に際は傷だらけの魚体を浅瀬に横たえ、目玉をギョロリと動かしながら息絶えていく姿は不気味であり、なぜか万葉集の「水浸く屍」などを連想させるものがある。

また、サケノオオスケが大日様や地蔵様を参詣に川をのぼるとか阿弥陀如来や寺社をお参りに来るという伝説も山形県に存在することは先に述べた。これらの伝承は魚類の鮭にまで仏性があることを説き、民衆に神仏への帰依を促すもので、鮭を擬人化しているとも言えよう。このように鮭または鮭の大助などの擬人化は八戸市の大祐神社の伝承だけではなく、青森、岩手、山形さらに新潟の各県の伝承に認められるのである。秋田、宮城、福島の各県にも採集を進めれば見出される可能性がある。

つぎに怨霊化の問題であるが、青森県大助部落（現・弘前市）の伝承では、鮭のオオスケ、コスケが鬼と同化しており、擬人化から怨霊化へと変質していると考えられる事を述べた。しかも、ここの鬼は先に述べたように蝦夷と関係がありそうである。山形県においても、サケの大助が山中に住む怪物で、「川をくだる声を聞くと悪事が起こる」、マタギの仲間のようで「大助の声を聞くと不作になる」、山人として登場し「軍勢を案内してくる」などとする伝承が存在した。いずれも擬人化さらに怨霊化へと進んだものと考えられる。

鮭の大助の怨霊化の要素は、最初に述べた山形県各地や秋田県で採録される「耳塞ぎ餅」とか「オースケ、コスケの祭り」の話にも見られる。「川魚の王様であるサケノオオスケというものが、川魚の数をかぞえ乍ら出刃包丁をかざして、寒河江川をさかのぼってくる。その姿を見たものは急死する」、「〝王スケ、小スケ、今遡ぼる〟と叫んで川をのぼって行く、うっかりその声を聴く者は患った揚げ句、死んでしまう」、「殺された王スケが夢枕に立って末代まで祟ってやると告げる」などと祟りが語られる。強烈な祟りは鮭の大助、小助が擬人化と共に怨霊化しているからと考えられる。

擬人化から怨霊化へと変質する背景には先にも述べたが、乱獲される鮭の怨霊化した精霊と征服され支配下に置かれて収奪されたり、あるいは山中に遁れた東北の民の怨霊が複合したということがあるのだろう。さらに言えば、鮭の大助とは古代以来、東北や新潟県に土着して、鮭を捕って生活してきた民みずからを語ったものなのかもしれない。

伝説は柳田国男が語るように「無形式で実質を伝えており、土着性があって土地の人々に真実だと思われてきたのである」(要旨)[6]。したがって鮭の大助譚は東北の風土と、そこで暮らしてきた人々の歴史的背景が生み出した貴重な伝承文化と言えよう。

一連の考察をまとめるにあたっては、赤坂憲雄氏の著書『東北学／忘れられた東北』[7]等から多くの示唆を受けた。この表題「鮭の大助とはなにか」も赤坂氏の言葉からヒントを得たものである。記して感謝の意を表する。

注

(1) 森山泰太郎・北彰介『日本の伝説25　青森の伝説』(昭和五二年一二月一〇日　角川書店)
(2) 森山泰太郎『陸奥の伝説』(昭和五一年六月一五日　第一法規出版)
(3) 神野善治「鮭の精霊とエビス信仰―藁人形のフォークロア―」『日本民俗文化資料集成第十九巻』(一九九六年五月一五日　三一書房)
(4) 『山形新聞』(二〇一二年三月二日付)
(5) 『東北の鬼』(一九八九年四月一日　岩手出版)

（6）『定本　柳田国男集』第二六巻（一九八二年　筑摩書房）
（7）赤坂憲雄『東北学／忘れられた東北』（二〇〇九年一月八日　講談社）

五「鮭の大助」と王権

一、はじめに

前節で「鮭の大助が擬人化から怨霊化へと変質する背景には、乱獲される鮭の怨霊化した精霊と征服され支配下に置かれて収奪されたり、あるいは山中に遁れた東北の民の怨霊が複合したということがあるだろう。さらに言えば、鮭の大助とは古代以来、東北や新潟県に土着して、鮭を捕って生活してきた民みずからを語ったものかもしれない。」と述べた。また、蝦夷との関連性について触れた。

本節は更に新潟県の大助譚を中心に、語られている民衆の意思と歴史を王権との関りから考察するものである。

二、新潟県の鮭の大助譚

新潟市には王瀬長者と鮭の大助についての伝説が種々語られてきた。本論では『新潟市史資料編11民俗Ⅱ』(1)に載る王瀬の長者と地名伝説八話を取り上げることにする。

〔伝説1〕(王瀬の長者)

「ずっと昔王瀬に大層な長者が住んでいた。長者の屋敷は大変広く、その木戸のあった所が、今の上木戸、中木戸、下木戸、山木戸であり、長者が牡丹を植えた場所が牡丹山、藤《ふじ》の花を植えて藤見をしたところが藤見山だという。

当時、信濃川に大助《おおすけ》小助《こすけ》というサケの主がいた。毎年霜月十五日は大助小助が川上のお宮へお参りに行く日なので、漁を休むことになっていた。王瀬の長者は、大助小助を捕まえようと思い、この日に網を入れることにした。その前の晩、大助小助が長者の夢枕に立ち、捕まえるのはやめてくれと頼んだ。長者は構わずに網を打ったが一匹も魚が掛からなかった。このことがあってからまもなく、長者の家は没落したという。

大助小助は、一匹の名前とも、大助が夫、小助が妻の夫婦のサケだともいっている。また片目であったともいう。

この王瀬の長者の話にはたくさんの異説がある。

長者は一人でなく、王五、王六の兄弟であった。第十二代景行天皇の時、全国を平定するため各地に人が派遣された。沼垂には、天皇の第五の皇子と第六の皇子が来て、渟足《ぬたり》の柵《き》を造ってここを支配した。これが王五、王六であるという。

長者は、ムカイ山に住んでいたという。ムカイ山は山の下地区にある沼垂地籍の山で、俗に沼垂山ともいっていた。それで沼垂山の長者とかムカイ山の長者と呼ばれていた。

似たような伝説は『日本の伝説41　越後の伝説(2)』にも載っているし、『新潟古老雑話(3)』には次の伝説がある。

〔伝説2〕（王瀬の長者と大介《おおすけ》小介《こすけ》）

市外鵜又　増井名左衛門翁　七十三歳

「近郊大形村河渡の西北で一方は海、一方は河を望む佳景の地を物見《ものみ》山と称し、之に続く藤の山は古昔長者―昔の豪族―が宏荘な邸宅を構えた所で、脚下には蓴菜《じゆんさい》池などあり王瀬と称する平野を控えた所であるが、或日長者の愛育していた小熊が大鷲にさらわれたので権威に傲《おご》る長者は激怒して、数名の従僕に之を取り返せと厳命した。従僕等は付近から尋ね初めて遂に松ヶ崎を越え、人家稀なる一島村で日が暮れたので止むなく一夜の宿を捜した末、遥《はる》かに船形の家を認め事情を述べて宿を乞うた処、懇切に待遇してくれたのが、不思議にも家族が悉く片目《かため》であった。古来佐渡に片目の人が多いと聞くが、ここは佐渡に近いためであろうかと一同訝《いぶ》かりながら寝に就き、翌朝礼を述べて帰途につく時、一眼の主人がいうよう「実は我等は大介《おおすけ》小介《こすけ》という鮭の王族であるが、来る水神の日（霜月十五日）には信州戸隠へ詣でるため、己れの棲み家を捨てて信濃川を遡るから、其日は網を休んでほしい、若し休めぬなら網の目を両側三つ宛切って曳いてくれと呉々頼むのであった。そこで、一夜の恩もあるから従僕等も快諾し、小熊のことは断念して帰り之を長者に報告すると、長者は一族を集めて協議した処、其中から鮭の王を食す時は、二千年の寿を保つという話もあるから、好機を逸すべからず之を捕えて長寿となり給えと勧めるものがあったので、多数従者の諫めも聴かず断然百尋に余る金網を作らせ、網の目も切らずに大介小介を捕らえてくれようと期した。当日果して鮭千尾の大漁であったが、肝腎の大介小介は辛うじて逃げたと見えて捕らえられなかった。しかるに此時金襴の羽織を着し銀刀を帯びた、一面識なき片目の一士人が長者の前に現われ、「骨折り御苦労」と一礼して去ったが、それが大介小介であったということである。爾来長者は衰運に傾き、遂に滅亡の原因となったということであるが、長者は阿賀の川を境して領地を有し、柵《さく》を構えて豪奢を極めたものらしいが、上木戸、下木戸、牡丹山、竹之尾、紫竹などの村名は其名残である。又王瀬の横、俗に金鉢山の麓、寺屋敷という地に数個の墓があって、其中の五輪形の古墳を長者の墓だというていたのは、私の二十歳頃であったが、時々移されて場所が変った。

（註）古墳とあれど考古の資料にもならぬ石塔の頂きで、今より二十年前法光院の快温氏が自己の寺に供養すべく持来ったが、知らぬ人は同寺所蔵の平内太郎等が寄進した千体仏絵をも、長者菩提のための寄進と信じている。

しかし之は年代錯誤の付会説である。

（七十六翁　川上幸吉氏談）

王五、王六の話は幼少の時九十六歳の祖父が炬燵にあたりながら面白く話してくれたが、どうして鮭が片目かと問えば、それは外見二つあるが、本当に見えるのは一目であるからだと聞かさ

れた。（筆者が新字体、新仮名遣いに改めた）

次に六話が『新潟市史資料編10　民俗Ⅰ』(4)に集録されている。

〔伝説3〕（海老ヶ瀬の話）

「昔、王瀬に長者がいた。この長者がサケの王様の大助小助を金網で捕えようとしたが、捕えることができなかった。以来家運がだんだん傾いて自分も病気になった。長者の財宝の中に特別大切にしていた黄金の鶏があった。病気も次第に重くなり、死期が近いと悟った長者は、ある日ひそかにこの黄金の鶏を持ち出して松林の中に埋めた。そして間もなく亡くなった。」

〔伝説4〕（曽川・楚川の話）

「信濃川を大助小助が上ってくるとき、舟を出すと舟がひっくり返されるといった。大助小助が上るときは特別に魚が多く揚がるので、無理をして舟を出すと転覆した。魚が多く捕れ過ぎて沈没する舟もあった。」

〔伝説5〕（松浜の話①）

「霜月の中ごろ、サケの王様の大助小助が阿賀野川を上るという。ここらに住んでいた長者が、金の網で捕まえようとしたが捕まえることができなかった。その後この長者は没落してしまった。」

〔伝説6〕（松浜の話②）

「サケの親分が恵比須講の前後に、七万匹の家来を連れて川を上る。この親分は女の親分であるともいわれた。」

〔伝説7〕（西名目所の話）

「大助・小助は、ミノ・笠を身に着け人間に化け、阿賀野川から信濃川へ移った。その時、途中の河渡でカラタチのクネ（垣）のとげに目を刺して片目がつぶれた。このため信濃川で捕れたサケには片目がないか、あっても他の魚のような固い目ではないという。」

〔伝説8〕（江口の話）

「大助小助が川を上る前の晩、片目の大助小助が家来を何匹か連れて上るから網の目を三つ切っておいておくれと頼んでいった。しかし、長者は欲深で、網の目を切らずに網を入れた。すると、その片目の大きなサケの雄が入っていたという。」

三、鮭の大助（介）小助（介）はどのように語られるか

新潟の王瀬長者と鮭（サケ）の大助（介）小助（介）各伝説をみると、鮭の大助（介）小助（介）は一匹の名前または大助が夫、小助が妻の夫婦」、「片目である」（伝説1）。「鮭の王族で家族が悉く片目である」、「金襴の羽織を着し銀刀を帯びた片目の一士人」（伝説2）。「サケの王様」（伝説3と5）。「サケの親分、女の親分」（伝説6）。「ミノ・笠を身に着け人間に化ける」、「カラタチのとげに目を刺して片目がつぶれた」（伝説7）。「片目で家来を連れている」（伝説8）などと語られている。一般的な解釈としての「鮭の精霊」とか「鮭の王」のみでは捉えられ

ない表現として、「片目である」（四話）、一話ずつ「ミノ・笠を身に着け人間に化ける」、「金襴の羽織を着し銀刀を帯びた片目の士人」、「女の親分」がある。これらは何を語っているのだろうか。

山形県には鮭の大助を「山中の怪物」、「マタギの仲間」、「山人」の様に語り、青森県では「鬼」と同化したり、特定の人物と入れ替ったりしている事例がある。新潟市の信濃川、阿賀野川下流域に伝わるこれらの伝説においても、鮭の大助（介）小助（介）には特殊な具現化及び擬人化が伴っている。「片目の王族」「銀刀を帯びた片目の士人」との表現は、片目の鮭の一族、同族が士人すなわち「さむらい」を立てて、王五・王六の長者に対抗する集団であることを暗に語っていると言えよう。

「阿賀野川から信濃川へ移った時、途中の河渡でカラタチのクネ（垣）のとげに目を刺して片目がつぶれた」と語られるが、カラタチは中国原産の樹木で古代日本に渡来し、垣根として刺があるので防御用にもなった。その刺に目を刺して目をつぶしたというのは鮭の擬人化である。そこには人間界のある出来事が隠されている。垣根際で人間界の何らかのトラブルが生じ、体が傷ついたことを暗示していると考えられる。また「このため、信濃川で捕れたサケには片目がないか、あっても他の魚のような固い目でないという」（伝説7）とあるが、鎌倉権五郎景政が戦いで片目を矢で射られて泉（池）で目を洗ったところ、泉の魚がみな片目になったという伝説は山形県にもある。一目小僧の伝説について『民間信仰辞典』(5)に「昔武将が戦いに敗れて落ちのびてきた際、栗のいが・松葉・胡麻・笹などで眼をついて片眼になった」、「鎌倉権五郎景政は片眼の神として有名である」、「一目小僧はそうした神の零落した姿なのである」とある。これらのことから判断して、鮭の大助（介）小助（介）は武装した一族の長であり、何らかの戦いがあって、片目になって敗れたことを語っていると言えよう。「女の親分」とは古代や蝦夷の集団ではあり得たことである。また「神社境内に放ち飼われる虫魚禽獣のうち、池などの片眼の魚は神々へ捧げる贄であり、片眼の魚はこの土俗の説話化されたものに外ならない(6)」という説もある。片目の魚には生贄としての側面もあると考えなければならない。

四、王瀬の長者はどのように語られるか

長者はずっと昔、現在の新潟市王瀬に住んでいたという。また沼垂地籍のムカイ山（俗に沼垂山）に住んでいたともいう。広大な領地を有し、柵を構えて豪奢を極めた昔の豪族であった。その名残りが上木戸、下木戸、牡丹山、竹之尾、紫竹などの村名として残っているとある（伝説Ⅰ、2）。これらの土地は現在の信濃川と阿賀野川に挟まれた新潟市東区一帯ということになる。強大な権力を有する者であったことを示している。そして「長者は一人ではなく、王五、王六の兄弟であった。第十二代景行天皇の時、全国を平定するため各地に人が派遣された。沼垂には、天皇の第五の皇子と第六の皇子が来て、淳足《ぬたり》の柵《き》を造ってここを支配した。これが王五、王六であるという。」（伝説1）と語られている。

五、長者は大助（介）小助（介）の頼みを聞かずに祟りを受けるモチーフ

新潟の伝説では「王瀬の長者は大助小助を捕まえようと思い、この日に網を入れることにした。その前の晩、大助小助が長者の夢枕に立ち、捕まえるのはやめてくれと頼んだ。」（伝説1）、「実は我等は大介小介という鮭の王族であるが、来る水神の日（霜月十五日）には信州戸隠へ詣でるため…信濃川を遡るから、其日は網を休んでほしい、若し休めぬなら網の目両側三つ宛切って曳いてくれと呉々頼むのであった」（伝説2）、「大助小助が上る前の晩、片目の大助小助が家来を何匹か連れて上るから、網の目を三つ切っておいてくれと頼んでいった」（伝説8）。このように、鮭の大助（介）小助（介）が長者に「捕まえるのはやめてくれ」、「網を休んでほしい」、「網の目を三つ切っておいてくれ」、と頼むのであるが、結局、長者はその頼みを聞かずに大助（介）小助（介）を捕まえようとした。その結果、没落したというのがこの伝説のモチーフである。

長者の没落の様子は次のように語られている。「長者の家は没落したという」（伝説1）、「爾来長者は衰運に傾き、遂に滅亡の原因となったということである」（伝説2）、「家運がだんだん傾いて自分も病気になった。病気も次第に重くなり間もなく亡くなった」（伝説3）、「舟を出すと舟がひっくり返される」（伝説4）「長者は没落してしまった」（伝説5）。これらは大助（介）小助（介）を捕らえようとした祟りが長者に出たことを語っていると言えよう。さらに伝説2では「肝腎の大介小介は辛うじて逃げたと見えて捕らえられなかった。しかるに此時金襴の羽織を着

し、銀刀を帯びた一面識なき片目の一士人が長者の前に現われ、『御骨折り御苦労』と一礼して去ったが、それが大介小介であったということである」と語られる。鮭の大介小介の正体が銀刀を帯びた片目の士人であったことを不気味に表現している。

六、伝説の背景を考える

歴史的にみると、淳足柵は大化三年（647）に造られている。翌年には磐舟柵が造られた。淳足柵は新潟市沼垂の辺、磐舟柵は新潟県村上市岩船に遺称地がある。いずれも蝦夷に備えた城柵である。『日本書記』には皇極元年（642）、越の辺の蝦夷数千が服属来降し、饗応したとある。あるいは、和銅二年（七〇九）、蝦夷野心馴らし難し。佐伯宿禰石湯を征越後蝦夷将軍と為し征伐す、とある。伝説の通り、淳足柵を造った天皇の第五の皇子と第六の皇子（王五と王六）を長者とすれば、記紀に登場する第十二代景行天皇の皇子とすることは時代的に懸け離れており無理な話である。この伝説では天皇と皇子の関係に記憶の錯綜があるようである。ただ、最近の調査では、古墳時代の四世紀前半に新潟県北部まで大和政権の影響が及んでいたことを示す遺物が新潟県胎内市の「城の山古墳」から発見されている(7)。

高橋郁子は王瀬長者の伝説は淳足柵、磐舟柵の造営により、大和政権の蝦夷に対する支配が進み、「柵では、蝦夷と戦うだけではなく、柔軟に蝦夷と手を結んだこともあったのではないだろうか。約束を取り交わしながら、それを破り、何かしこりが残るような事があったのかもしれない。そんな事が王瀬長者の伝説を産んだのではないか。」「鮭を裏切るということは鮭をトーテムとした人々を裏切ったということではないだろうか。」と述べている。(8)

筆者は先に述べたように、長者は渟足の柵を造って支配した天皇の第五の皇子と第六の皇子(王五、王六)と語られ、鮭の大助(介)小助(介)は片目の一族であり、その長は銀刀を帯びた士人(さむらい)として現われる。この内容から、柵を造って支配する大和政権と戦い敗れて支配される蝦夷を表現したと想定しても、唐突な事ではないと考える。和睦を望む蝦夷側の願いは、鮭の大助(介)小助(介)が長者に「捕えるのはやめてくれ」、「網を休んでほしい」などと頼む表現に変えられたと思われる。しかしながら柵との間で戦いが起こり、蝦夷側に多数の死傷者が出た。そこから片目の鮭の大助(介)小助(介)の一族(王族)という表現になったのではないかと考える。片目の鮭の大助(介)小助(介)は蝦夷を象徴的に表現したものだろう。そして敗れた蝦夷の怨念は後世まで永く民衆に記憶され、鮭の大助(介)小助(介)伝説を産む背景になったのではないかと考える。

七、新潟県、山形県、岩手県の大助譚の共通点

「王瀬の長者と大介小介」(伝説2)では「長者の愛育した小熊が大鷲にさらわれる」ことになっているが、山形県小国郷(現最上町)に伝えられる大助譚では「大鷲が牛をさらう」「大鷲が熊の皮をかぶった八右衛門をさらう」ことになっている。(9)岩手県遠野郷に伝えられる話で

は「主人が大鷹に襟首をとらへられて……」とあり、竹駒村では「大鷲が来て子牛を攫って飛び去った」、「牛の皮を被った主人を猛鷲が…むんずと引っ提げたまま遙かと運んでいった」となっている。[10] 大鷲か猛鷲もしくは大鷹が「小熊」（新潟県）、「熊の皮をかぶった八右衛門」（山形県）、「牛」（山形県）、「子牛」（岩手県）、「牛の皮を被った主人」（岩手県）、「主人」（岩手県）をさらう構図になっており、大差がないと言える。

また、（伝説2）には「従僕たちが松ケ崎を越え…」とあるが、遠野郷の伝承には「今の松崎村のタカズコと云ふ所に…」とある。[10] 新潟県に「松ケ崎」という地名と岩手県に「松崎村」が実在したとしても、鮭の大助譚に共に登場するのは意図的なものが感じられる。

「海老ヶ瀬の話」（伝説3）には「長者の財宝の中に特別大切にしていた黄金の鶏があった。病気も重くなり、死期が近いと悟った長者はある日ひそかにこの黄金の鶏を持ち出して松林の中に埋めた」とある。ここで想起されるのは、岩手県平泉町の金鶏山に平泉を守るため、奥州藤原氏が雌雄一対の黄金の鶏を埋めたという伝説である。新潟県、山形県、岩手県の鮭の大助譚伝承地が過去において、同一文化圏であったものか、あるいはこれらの三地域に伝承を媒介した羽黒修験などの存在が検討されなければならない。

八、生贄としての鮭

山形県尾花沢市大字正厳に順徳上皇を祭神とする御所神社がある。「御所神社縁起[11]」には大略つぎのようにある。

順徳上皇は承久の乱に敗れ、佐渡に遷されてから二十年、侍臣と謀り、密かに佐渡を脱出して越後から庄内に出て、舟で最上川を遡り、御所山に潜伏された。その後、山を出られて正厳に皇居を構えられたが崩御された。侍臣は霊廟を造営し神霊を奉斎したのが当社の創建と伝えられている。そして、「社ノ背面ヲ流ル、赤井川ニ、注連掛鮭ト称スル魚毎年秋季ニ上リ来ルアリ、土人之ヲ御所神ノ生贄ナリトテ捕フル者無シ」とある。また、『山形縣神社誌』(12)によると尾花沢市二藤袋の御所神社も主祭神を順徳天皇とし、「天皇は正厳の地に御遷幸し、王子をもうけられた」とある。野口一雄は「かつて、毎年十一月二十三日になると正厳の大類弥助宅では、上の宿の御所神社に鮭を奉納したものだという(13)」と述べている。

順徳上皇が佐渡を遁れて尾花沢市正厳を皇居とされた伝説は歴史的に真実であるか疑問である。ただ、王子が登場するので、皇族の誰かが関わった可能性はあるのではないだろうか。正厳の地は、古代の大室ノ駅や玉野駅が置かれた近くであり、何らかの因縁があったのだろう。

ところで、御所神社の背面を流れる赤井川に上ってくる鮭を「注連掛鮭」と称して、御所神の「生贄」であるとして、「土人」は捕らえるものがなかったとある。実際、かつては御所神社に毎年十一月二十三日になると神社に仕える者が鮭を奉納したことが報告されている。「注連掛鮭」とは神がやどるしるしである注連を付けた鮭のことで、御所神の専有する鮭ということだろう。したがって、「土人」(軽侮の意を含んだ土着民との意味にもとれる)は捕らえられなかったのである。しかも「注連掛鮭」は御所神への「生贄」であるという。生贄とは何なのか。朝廷との関わりが窺える。分からないことが多いが、生贄の事例と思われる文献を紹介しておく。

「米沢市に近い下長井村の一宮神社の祭日は旧七月十九日であるが、此の日に村民は贄狩りをするが、必ず片目の鮭一尾を獲る。これを生贄として神前に供える（米沢地名選）」

「常陸水戸市産生明神の祭りには、昔は寺社係の手代立会で玉里村から来る網打を伴い、村松アコギ浦で魚を捕る。網は一打に限られ捕った魚類は明神に供えるが、魚の数は明細に記して領主に差し出す。此の魚は必ず片目に極っている（水戸歳時記）[6]」（筆者が新字体、新仮名遣いに改めた）。片目の鮭（魚）が神への生贄とされてきたのである。

九、おわりに

この小論を書くきっかけの一つに、村山民俗学会事務局長の市村幸夫氏から、新潟県の高橋郁子氏のインターネット資料を頂いたことがある。記して感謝の意を表する。

注

（1）『新潟市史資料編11　民俗Ⅱ』（平成六年三月一〇日刊行　新潟市、編集　新潟市史編さん民俗部会）

（2）小山直嗣・村山富士子『日本の伝説41　越後の伝説』（昭和五四年十二月二〇日　角川

書店）

（3）鏡淵九六郎編『新潟古老雑話』（昭和八年六月一五日初版発行　平成三年五月一九日覆刻発行　新潟県民俗学会）

（4）『新潟市史資料編10　民俗Ⅰ』（平成三年二月一四日刊行　新潟市、編集　新潟市史編さん民俗部会）

（5）桜井徳太郎編『民間信仰辞典』（昭和五十五年十一月一日　東京堂出版）

（6）礫川金次編『生贄と人柱の民俗学』（一九九八年五月二五日　批評社）

（7）『朝日新聞』（平成二四年九月七日付）

（8）高橋郁子「鮭の大助と王瀬長者の伝説」『平成十二年度郷士史講座記録集―新潟の歴史を語る　第七号』（二〇〇一年二月二〇日　新潟市立郷土資料館）

（9）須藤克三・野村純一・佐藤義則『日本の伝説4　出羽の伝説』（一九七六年　角川書店）

（10）『佐々木喜善全集（一巻）』（一九八六年　遠野市立博物館）

（11）『北村山郡誌　上』（一九二三年　北村山郡役所　復刻一九六七年　名著出版）

（12）『山形縣神社誌』（平成一二年四月一日　山形県神社庁）

（13）野口一雄「川と人との交流」『最上川文化研究　第一号』（二〇〇三年三月三十一日　東北芸術工科大学東北文化研究センター）

六　鮭の大助譚に観る往還の観念──アイヌの霊とのかかわり──

一、はじめに

これまで、鮭の大助が川を上《のぼ》り「鮭の大助いま上る」と叫び声を上《あ》げる伝承を記し、また山形県内の地方によっては「鮭の大助いま下る」との声を聞くという伝承も存在することに触れた。生態学的には鮭は産卵のため、秋に生まれた母川に雌雄の成魚が遡上するのであり、川を下るのは早春生まれた鮭の稚魚である。鮭の稚魚が鮭の大助には成り得ないと思うから、川を下る大助譚を不可解に思ってきた。しかしながら、山形県の最上地方と庄内地方には川を「上る」または「下る」とする伝承が並存している様相が観られる。これはなぜなのか、今まで合理的な説明がなされてこなかった経緯があるので、アイヌの霊に対する観念を参考にしながら考察してみる。

二、山形県最上地方の事例

○鮭の大助が「川を下る」とする真室川町と新庄市（鮭川村）の事例を挙げる。

〔事例A〕鮭の大助のむがし（鮭の大助）（真室川町新町）(1)

むがし、むがし。

川には川の水が色変わるほどに、鮭のよが上ってきたもんです。川には王様の鮭のよどそうで無いぐぞへえ（その他多勢）の鮭のよどいであったようです。

霜月の十五日の夜には、その鮭のよの王が鮭の大助ていってな「鮭の大助今下る、鮭の大助今下る」と言って叫んで川ば下るもんでだど。この叫ぶ声ばもし、川の近くで聞いたらば、その年の聞こえた所の川や梁は、とても不漁であって、悪い事があるなですと。それで、川の近くで、新町と木ノ下の間を流れる片淵川になんどは、河原に小屋を建てて、小屋には大きな囲爐裏を造って、薪ばどんどん燃やして、酒ば飲んで大きな声で唄ば唄って、大助の叫ぶ声ば聞けなぐしているもんだった。川祭りていってな、その晩だげは、女達を呼んで招ばってきた女達には、鮭の胴《どんき》切りにして喰わせで、鮭のよで酒飲んで大騒ぎして「鮭の大助今下る」ば聞がねよにしたもんだど。

何でも、一匹の大きな鮭のよが、ずらっと鮭のよば従えで、海さ入るもんですと。それば人間は決して見ではなんねもだで聞ぎあんした。

とんびすかんこ・ねけど。

（注）鮭のよが上るとも語られている。ただし、叫び声はない。

〔事例B〕（新庄市・鮭川村(2)）

むかし、柳瀬八兵衛という男が仔牛を連れて歩いていたが、急に鷲に襲われ、仔牛をさらわれてしまった。八兵衛は、なんとかしてこの仇を討ちたいと思い、牛の皮をかぶって待っていたところ、たちまち先の鷲がやって来て、ただひとつかみにし、山の奥まで飛んで行った。八兵衛は必死の思いで、大木の梢につかまり、ようやく鷲から逃れることができた。八兵衛は山の中をさまよったが、日暮れて後、ようやく一軒の家をみつけ、助けを求めたところ、女が出てきて、「あなたは八兵衛ではないか」と言う。八兵衛が驚いていると、女は「実は私は以前あなたに飼われていた猫である。いまは、これも同じくあなたのところにいた犬と一緒になって、ここでマタギをして暮らしているのだ」という。

やがて夫が狩から帰ってきて、もとの主人八兵衛が来ていることを知り、あれほどひどい仕打ちを加えた八兵衛を生かしておくことはできないと、鉄砲を向ける。しかし、妻のとりなしで、この場はどうにか無事に収まった。

八兵衛は一刻も早く村に帰してほしいと夫婦に頼むが、夫は、一人ではとてもこの深山から出ることは出来ない。師走まで待て。師走の七日になると、鮭の大《おお》助《すけ》が川を下るから、それに乗って行け。ただし、鮭の大助は、お前がこれまでたくさんの鮒とか鰍を獲っているので、子も孫もみな獲られてしまったと怨に思い、見つけ次第一呑みにと怒っているから、深く謝って乗

鮭川（山形県真室川町）

せて貰えという。

師走七日の晩、八兵衛が川端で待っていると、「鮭の大助いま下る、鮭の大助いま下る」の大声が聞え、やがて山のように大きな大助が現われた。大助は八兵衛を目にすると、烈火のように怒りだしたが、八兵衛は犬から教えて貰った通り、今後は一切川魚を獲らないと約束して、背中に乗せて貰った。

こうして、いくつかの山と谷を過ぎて、ようやく村里に出た。村々では師走七日の晩だというので、みな行屋に集まり、鉦や太鼓をたたき、「さんげ、さんげ、六根罪償、お注連は八大ごうぐの童子の一の如来、南無帰命頂来、南無帰命頂来」と唱えていた。大助の声を聞くと、来年は不作になるというので、村中行屋に集まって「押せ、押せ」と大騒ぎしているのである。頃合をみて、八兵衛は大助から降ろして貰い、久しぶりに我が家に帰ることが出来た。

（注）この話者は新庄市在住の女性であるが、鮭川村川口から嫁いできたので、鮭川筋の伝承を語ったものと思われる。

○鮭の大助が「川を上る」とする新庄市・その他と最上町の事例を挙げる。

〔事例C〕鮭の大助いま登る（新庄市・その他）(3)

霜月十五日の夜は、川魚の王様である鮭の大助が、一族を率いて海から川に登る日であるという。この日は、川の仕事は一切休みにし、川端に出てはならないとされている。鮭の大助は川を登って行くとき、「鮭の大助いま登る。鮭の大助いま登る。」と叫びながら登って行くという。この声を聞いた人は三日と生きられないというので、川端の村々では、この日は太鼓を叩き、鉦をならし、大声で唄を歌って川祝いをし、大助の声を聞かないようにしている。

本合海附近には、「狐巻」とか、「叺巻《かますまき》」などという鮭の簗場《やなば》があったが、この日は簗を休み、簗の決算をかねて、川祝いの振舞いをした。「狐巻」は、稲荷様に鮭の大漁を祈ったので、こう名付けられたといい、「叺巻」は獲れた鮭を叺に入れて運んだことから、こう呼ばれるようになったという。

古口あたりでは、この日は簗の一方は開けておき、鮭が登れるようにしていた。
（注）伝承地が（新庄市・その他）となっているが、語りの内容から、新庄市本合海、戸沢村古口の最上川筋であることが分かる。

〔事例D〕鮭の大助（最上町）(4)

むかし。

小国郷に八右衛門という魚とりや牛方を稼業にしている男があった。

（中略）

八右衛門は、ひらあやまりにあやまって、鮭の大助の背中に乗せてもらった。

佐渡ヶ島を朝たって、それから酒田の港にいき、そこから最上川をさかのぼっていると、ちょうどエビス講の夜になっていた。

「鮭の大助、今のぼる。鮭の大助、今のぼる」

と、大声で叫びさけびようやく帰りつくことができた。

村の人たちは、エビス講の夜に、この叫び声を聞くと、よくないことがおこるといっておそれ、みな、餅つきや酒盛りをして、にぎやかにさわぐのをならわしとして、これを「耳塞ぎ餅」といっている。

また、その夜は、魚の張り網や簗の片方をあけて、魚とりはしないことにしている。

最上川筋では、十月二十日（旧暦）の「鮭の大助」以後でないと、鮭漁は解禁しない。
（注）この昔話は「全国昔話資料集成1」佐藤義則編『羽前小国昔話集』に「簗掛け八右衛門と鮭の大助」として収録されたのが最初である。標準語に改められた今回のものを採用した。

○鮭の大助が「川を上る」と「下る」の両方語る真室川町大沢の小国の事例を挙げる。
〔事例E〕（真室川大沢(5)）
大沢川筋の小国周辺では、このサケのオースケがオダイニチサマのサケと付会して語られている。それは、首に注連縄、あるいは背中に十文字のたすきを掛けたオダイニチサマに供えられるサケは、「サケのオースケ、今のぼる」と叫びながら遡上して、その声を聞いたり姿をみた者は必ずその年のうちに死んでしまうとするものである。そのため、小国川流域ではオダイニチサマの祭りの一週間前から川へ出ることはない。そして、オダイニチサマの祭りが終わって、サケが「ヨォオースケ、今くだる」という大声を聞いてから、初めてその禁が解けてサケ漁が許されるという。最上川地方には「サケのオースケ譚」の完型昔話がみられるので有名であるが、この話が小国周辺では、オダイニチサマの神供としてのサケを説明する伝説になっているのである。

（注）事例Aはここに含めてもよい。

三、山形県庄内地方の事例

○鮭の大助・小助の「川を下る」の伝承に次の三様の類型が見られる。

①鮭の大助・小助が下る時、声を発する。

②鮭の大助か出雲に赴く神々が発する。

③今まで捕らえられた鮭の精霊が発する。

①の事例として二例挙げる。

〔事例F〕（東田川郡旧朝日村荒沢・現鶴岡市）(6)

十一月十五日は鮭のオウスケで、昔は川ばたの家では夕方に餅をついたものだという。ちょうど、オウスケの夕方、大鳥のさがみ様を参詣にいって、帰りが遅くなって川ばたを通ったら、『鮭のオウスケ、今下るわ』といいながら、オウスケがしめをかけて泳いでいるのを見た人があるという。オウスケを見たり、声を聞いたりすると、悪いことがあるから聞かぬように、夕方には外に出ないで餅をつくのだという。

〔事例G〕（旧朝日村、大鳥川・梵字川・赤川・最上川筋）(7)

十一月十五日は「オースケコスケ、イマクダル」といって鮭の大助小助が川を下る日だから、川に行ってはならないと言われている。その姿を見たり、その音を聞いたりすると大変な災いをうけるというので、その音が聞こえないように臼の音を高くして餅をつくのだという。これは大鳥川筋でも梵字川筋でもいうし、赤川、最上川の流域の村々でも同様である。

②の事例として二例挙げる。

〔事例H〕鮭のおう助（旧朝日村大鳥川流域(8)）

田畑の仕事も終えて、雪囲いをすませた家々の廂《ひさし》の下に揺れる干し大根の影もまばらになり、そろそろ雪に埋もれかける十二月半ば頃出雲の国（島根県）に赴く神様は、鮭のおう助の背に乗って、大鳥川を下って行く。

「鮭のおう助、今下るわい」

川の方から聞こえてくるそんな声を耳にした者は、まもなく死んでしまうか、何かしらひどい災難を被ることになるのだ。だからその頃、付近の人々は、鮭のおう助の声が聞こえないように賑やかに餅を搗いているのである。

〔事例I〕鮭のおうすけ（大鳥川、最上川流域(9)）

十二月十五日は神さまが出雲の大社に集まるために国元を出発する日である。この日、神々は「鮭のおおすけ、いま下るぞい」と言いながら大鳥川を下って行く。その声を聞いた人は大きな災難に遭うか、死ぬかする。それで、川沿いのひとびとは、その声が聞こえないように戸を閉め、餅をついて杵の音を立てるのである。この伝説は、大鳥川や最上川の流域の村々に、かなり広く分布している。

③の事例として二例挙げる。

［事例J］鮭の大助・小助（旧朝日村[10]）

同村を流れる大鳥川や赤川の沿岸の村々には、大助・小助の行事が伝えられている。一二月一五日（旧一一月一五日）に今までとられた鮭の精霊《せいれい》が「大助・小助、いま下るぞ」といいながら川を下るといわれている。

その声を聞いた人は、三日のうちに死ぬというので、その日は漁を休み、各家でもちをついて、杵の音をたて、酒をのんでにぎやかにして、声を聞かないようにと、この日を送ったのである。なおこのもちを「耳ふさぎ」と呼んでいた。

［事例K］サケの大スケ・小スケ（旧朝日村[11]）

同村を流れる梵字川（赤川）や大鳥川の沿岸の集落には、大スケ・小スケの行事が伝えられている。一二月一五日（旧一一月一五日）今まで捕らえられたサケの精霊が「大スケ・小スケ今下るぞ。」といいながら川を下ると言われ、その声を聞いた人は、三日後に死ぬといわれた。

それで、この日は漁を休み、各家では餅を搗き、杵の音をたてまた酒を飲んだりして、にぎやかにこの日を送ったのである。なお当日は決して川岸に出てはならないと、かたくいましめられた。

○鮭の大助・小助が「川を上る」とする伝承も庄内地方にある。これには、

①鮭の大助・小助が上る。

②この日まで漁獲された鮭の精霊が上るとする二類型が見られる。

①の事例として二例挙げる。

［事例L］（東田川郡旧温海町・現鶴岡市(12)）

十二月十五日の晩はオースケ、コースケである。温海町には鮭のとれる川が四本もあるので流域にオースケ、コースケの祭りがある。この日の日暮れ方「オースケ、コースケ今のぼるぞー」、「イゴザーイ、イゴザーイ」と叫びながら、鮭の親玉のオースケが家来のコースケを連れて、川中を明るくしてゴーゴーと水音を立てて上流に上っていくというのである。この声を聞いたり、その姿を見たりすると、三日のうちに死ぬと恐れられているのである。オースケは、大鮭でメッコだという。この音を聞かないように、夕方にトントン臼の音を高くさせて餅をついたり、この餅で耳をふさいだりしたという。昔は村中で鮭を取っていたから、川端の家だけではなく村中で餅をついてオースケ、コースケの祭りをやった。この晩は鮭とりにはぜったい行かないものとされている。しかし、どうしてもこの晩網をうたなければならない時には網の目を二つ切って打てといわれている。また、この晩は外に出てもいけないというので、子供は夕食に餅を食ってさっさとねかされる。

［事例M］オースケコースケ（出羽の荘内(13)）

出羽の荘内では川に沿うた村々の漁夫等は、毎年十一月十五日を以って鮭漁の網納めとして居る。此夜丑満る頃大助小助と云う物が上つて来ると云う。是は鮭の王様で、「オースケコースケ今上る」と呼はりながら上つて来る。さうすると之に続いて大小の鮭が幾万尾とも無く上つて来るのだと云う。人間が若し其声を聞くときは即死すると言ひ、人々は其をきかぬやうにと餅を搗いて祝ひ、其夜は家に籠り外へ出ない習慣であると云ふ。

②の事例として二例挙げる。

［事例N］（山形県東田川郡(14)）

川辺の集落では、旧十一月十五日に、この日まで漁獲された鮭の精霊が「オースケイマノボル」といって川を遡るという。人はこの声を聞くと三日のうちに死んでしまうので、漁を休み、声を聞かぬように耳フタギ餅を食って酒を飲んでさわぐ。

［事例O］　おおすけ、こうすけ（旧朝日村(15)）

川辺の漁師を中心とした行事で、旧暦十一月十五日であったが、いつの頃からか十二月十五日に変って来ていた。

この日は今までとられた鮭の精霊が「大助小助のぼる」といって川をのぼるといわれ、その音を聞いた者は三日のうちに死ぬというので、その日は魚とりを休み、その音を聞かないように耳をふさぎ、餅をたべ、酒をのんで、ヤンヤとにぎやかにしたものでした。

あまりのやかましさに子供達はとても恐れおののいたものだそうです。

今でも、この日には餅をたべて、魚とりはしないようにしているところもあるとか。

四、考察

山形県の最上地方と庄内地方の鮭の大助伝承について事例A〜Oを挙げて、鮭の大助または小助の叫び声が「川を下る」場合に発せられているか、「川を上る」場合に発せられているのか観てきた。庄内地方では、鮭の精霊や出雲に赴く神々が発するという特徴的な事例が存在する。これらを整理するために表1を作ってみた。

最上地方についてみると、真室川町大字大沢字小国（鮭川の上流域）では、大日堂（オダイニチサマ）の祭りの儀礼に鮭を供えるがそれに関わってサケのオースケが登場する。サケのオースケは「今のぼる」と叫ぶ。そして、祭りが終ると「今くだる」という大声を発するという（事例E）。つまり、大助は往還するのである。これは事例Aにも観られる。また、川を下る時叫び、大声を発するという事例は、真室川新町（事例A）、新庄市（事例B）―この語り手は鮭川村川口出身の女性であるから、いずれも鮭川、真室川筋の伝承と言える。鮭川、真室川、旧大沢川流域では、古くから、鮭の大助が「下る」または「上る」という叫び声を発すると言い伝えられてきたものと考えられる。なお、最上川やその支流の最上町の小国川筋では、鮭の大助が「上る」と叫ぶ伝承が有名である（事例C・D）。

表１　鮭の大助・小助の叫び声

庄内地方			最上地方
「川を下る」叫び声			「川を下る」叫び声
鮭の精霊が発する	鮭の大助か出雲に赴く神々が発する	鮭の大助や小助が発する	・真室川新町（事例Ａ） ・新庄市（鮭川村）（事例Ｂ）
・旧朝日村（事例Ｊ） ・旧朝日村（事例Ｋ） いずれも、大鳥川、赤川、梵字川沿岸	・大鳥川流域（事例Ｈ） ・大鳥川、最上川流域（事例Ｉ）	・旧朝日村荒沢（事例Ｆ） ・旧朝日村ほか大鳥川、梵字川、赤川、最上川筋（事例Ｇ）	
「川を上る」叫び声			「川を上る」叫び声
鮭の精霊が発する		鮭の大助・小助が発する	・新庄市その他（戸沢村古口の最上川）（事例Ｃ） ・最上町の小国川、最上川（事例Ｄ）
・東田川郡（事例Ｎ） ・旧朝日村（事例Ｏ）		・旧温海町（事例Ｌ） ・荘内（事例Ｍ）	
			「川を下る」と「上る」叫び声
			・真室川町大沢（事例Ｅ）

庄内地方では、「川を下る」時発する叫び声に三類型がある。鮭の大助や小助が発するとする事例は、東田川郡の旧朝日村（現鶴岡市）を流れる大鳥川、梵字川、赤川沿岸にみられ（事例Ｆ・Ｇ）、更に同村では、今まで獲られた鮭の精霊が言うという（事例Ｊ・Ｋ）。精霊が発するという事に注目しなければならない。また、出雲大社に赴く神々が言うと伝えられる（事例Ｉ）。詳細は省くが、東田川郡をはじめ庄内地方には出雲系の神々を祀る神社が多い。出雲の神は崇ると言われるが、その事は鮭の大助の声を聞いた者は大きな災難に遭うとか死ぬと言われ

る祟りとも何か関係があるのだろうか。
また、「川を上る」事例に、大助・小助が上るとする（事例L・M）の他に、東田川郡では、漁獲された鮭の精霊が「オースケイマノボル」などと言って川を遡上するという（事例N・O）。このように、庄内、特に東田川郡の河川沿岸の集落では、鮭の大助・小助が精霊となって、川を上ったり、下ったりすると信じられてきたのである。ここに「鮭の大助譚」の実相を解く鍵が秘められているように思われる。

漁獲された鮭の精霊は霊魂、霊とも言える。ひるがえって、アイヌの人々はすべてのものに存在する霊魂は不滅であり、それ自体、人間は見ることができないが、人間の前には肉体またはある形を伴って現われ、この世とあの世を往復すると考えた[16]。すなわち、あの世とこの世を霊は循環するのである。

東田川郡内の河川沿岸の人々には鮭の精霊（霊魂・霊）が川を上ったり、下ったりするとし、そして見えないが、声を出す存在である。この事はアイヌが信ずる鮭などの川を遡上する魚の霊の往還経路[17]と相通ずるものがある。これは偶然の相似とは言えないのではないか。アイヌの霊魂・霊の往還の観念は蝦夷の時代から、近、現代まで、山形県の旧朝日村や真室川町等の山間部の村落に、鮭の大助・小助の精霊の往還の観念として、受け継がれてき形跡が観られると言えよう。単に、鮭の大助（小助）が「上る」「下る」という地域が県内に広く分布するが、古くは精霊（霊）の観念を帯びていたのが、時代が新しくなるにつれて失われたり、他の要素や宗教者の介在などで変成した可能性が考えられる。

注

（1）臼田甚五郎監修・野村敬子編『資料昔話22　真室川の昔話　鮭の大助』昭和五十六年八月一日　㈱桜楓社
（2）大友義助「伝説を考える　①鮭の大助」『季刊民話第二号』一九七五年　一声社
（3）大友義助『山形県最上地方の伝説』一九九六年　東北企画出版
（4）須藤克三・野村純一・佐藤義則『日本の伝説4　出羽の伝説』一九七六年　角川書店
（5）菅豊『修験がつくる民俗史―鮭をめぐる儀礼と信仰―』二〇〇〇（平成十二）年九月三十日　吉川弘文館
（6）戸川安章『荒沢の民俗』（水没地区の民俗調査報告書）昭和三十一年
（7）朝日村村史編さん委員会編さん『朝日村史下巻』昭和六十年十二月二十五日発行　朝日村
（8）畠山弘『庄内の伝説』昭和四十九年十一月三十日発行　歴史図書社
（9）戸川安章編著『羽前の伝説』昭和五〇年九月一五日発行　第一法規出版株式会社
（10）梅木壽雄編著『古里の伝説をたずねて』平成十四（二〇〇二）年一一月一七日発行　鶴峰園印刷科
（11）前掲（10）

（12）佐藤光民『温海町の民俗』昭和六十三年　温海町
（13）羽柴雄輔「オースケコースケ」谷川健一責任編集『鮭・鱒の民俗』日本民俗文化資料集成19所収　一九九六五月十五日　三一書房
（14）野村純一「鮭の大助」『日本伝説大系3』一九八二年　みずうみ書房
（15）編集者　佐藤玄祐　編集　大網中学校郷土研究クラブ『大網むかしむかし』発行昭和四十一年一月二十五日　編集者　朝日町観光協会『あさひむかしむかし』発行　昭和五十二年三月三十一日
（16）山崎幸治「アイヌの霊魂観」加藤隆浩企画『古代世界の霊魂観』所収　二〇〇九年十二月十六日発行　勉誠出版
（17）藤村久和『アイヌ、神々と生きる人々』一九八五年六月十五日発行　福武書店

七　鮭の大助譚に散見される蝦夷とアイヌ

一、はじめに

先に青森県旧・中津軽郡相馬村大助《おおすけ》（現・弘前市）の伝承では、鮭のオオスケ・コスケが鬼と同化しており、擬人化と怨霊化へ変質している。しかも、ここの鬼は蝦夷と関係がありそうだと

した。越後を支配した大和政権の天皇の皇子と語られる王瀬の長者と征服された蝦夷の一族を鮭の大助（介）小助（介）と見立てたと思われる伝説についても論じた。

また、山形県真室川町や旧・東田川郡朝日村（現・鶴岡市）に伝承されてきた鮭の大助譚に、鮭の大助・小助や鮭の精霊が叫び声を上げながら、川を上ったり下ったり、海に入ると語る特徴的な伝承が存在することについて記した。そして、アイヌの人達が信ずる「この世とあの世を往還する霊の観念」を観ると、鮭などの川を遡上する魚類については、霊は川を上り、あの世に行き、またこの世に帰り、川を下ってきて海に入り、再び川を上ると考えている。このアイヌの霊の往還観念と真室川町や旧・朝日村（現・鶴岡市）に伝えられる川を上ったり、下ったりする鮭の大助・小助の伝承はつながりがあるのではないかと指摘した。ただ、アイヌとの関りを歴史的、文化的背景のもとに論じた訳ではなかった。本節では若干の歴史的資料とアイヌ語地名等を取り上げ、蝦夷及びアイヌと鮭の大助譚の関りを考察する。

二、青森県旧・中津軽郡相馬村大助（現・弘前市）の「鮭のオオスケ」と蝦夷

大助部落に伝わる「鮭のオオスケ」に登場するオオスケ・コスケは山に隠れ住む鬼と同化しており、鬼は鮭を手づかみで捕る行為からしても、青森県の他の伝説に語られる蝦夷の姿を彷彿させるとした。また、鬼は怨霊化していることにも触れた。

そこで、「鮭のオオスケ」が伝承されている大助を『青森県の地名』(1)、『角川日本地名大辞典2

青森県』(2)で調べるとつぎのようにある。

貞享四年(一六八七)の検地帳には相馬村の支村として尾助《おすけ》村とあり、享保一一年(一七二六)に大助村と改名され本村となっている。明治二二年まで存続し、その後、相馬村の大字名となる。現在は弘前市。明治二四年の戸数は三二戸、人口一九一人であった。煙草の産地として知られたが、土地が悪く、薪炭や木皮箕作りを副業としたとある(新撰陸奥国誌)。また愛宕《あたご》神社(旧不動堂)の堂社跡があり、「其窟四間に幅三間、高二丈、相伝坂上田村麻呂夷族征討のときこの巌穴に不動尊を安置せし処と云、今傍に不動滝と云ふ瀑布あり」とみえる。やはり、大助には古代、蝦夷が住んでいたのである。そして、坂上田村麻呂により征伐された歴史が存在したのである。その結果、征伐された蝦夷の怨霊が鬼となって残ったと思われる。その鬼の伝説が「鮭のオオスケ」となり、永く伝承されてきたものと考えられる。蝦夷の怨霊(鬼)がオオスケ・コスケと同化し、さらに大助部落の地名とも同化した特異な伝承と言えるのではないか。

三、新潟市の「王瀬の長者と大助(介)小助(介)」伝承と蝦夷

新潟市の大助譚に登場する「王瀬の長者」とは渟足《ぬたり》の柵を造って支配した天皇の第五と第六の皇子とされ、信濃川の主(鮭の王族)である大助(介)小助(介)が捕まえるのをやめてくれと頼んだが、構わず網を打って鮭を捕った。その後、長者は衰運し、遂に滅亡したと語る。また、大介小介は長者の前に、金襴の羽織を着し銀刀を帯びた片目の士人(さむらい)として現われて

いる。

これらの伝承を歴史的に観ると、渟足柵は新潟市の沼垂《ぬったり》に大化三年（647）に造られ蝦夷に備えている。また、翌年には村上市に磐舟柵も造られた。『日本書紀』によると、越の辺の蝦夷数千が服属来降したとある。片目の鮭の大助（介）小助（介）は蝦夷を象徴的に表現したものだろう。

四、『鮭鱒聚苑』に語られるアイヌの伝説「鮭の王の頼み」

『鮭鱒聚苑』(3)は「北方の民俗と鮭鱒」の章に、アイヌの伝説「鮭の王の頼み」を紹介している。
鮭の王の頼み「石狩の酋長は、ある夜不思議な夢を見た。それは鮭の王と自称する者が来て、明日の夜に我々の眷族が子を産むために川を上るが、どうぞ捕獲せぬようにしてくれ、その代り子を産んだ戻りには皆なお前の手にかかって捕らえられるから、明日の晩だけは漁を休んでくれとのことであった。然し欲に目のない酋長は、その夜に限って村の者を督励し、幾万という鮭の大漁をした。その頃、酋長の妻は懐妊していたが、産み落とした女の児の顔一面に恰も鮭のように斑點が赤紫色についていた。」（旧仮名遣いを現代仮名遣いに改めた）
この伝説では、大助（介）小助（介）とは言っていないが、鮭の王が現われ、前の夜、夢枕に立ち、「捕まえるのはやめてくれ」と頼むところは、新潟市の伝説「王瀬の長者」とそっくりである。しかも、新潟市の別の伝説では、大介小介を「鮭の王族」としている。そして、長者は祟りを受け、没落し滅亡するという結末になっている。

また、『秋田郡邑魚譚』(4)には、「殺された王スケが夢枕に立って、お前の家へ末代まで祟ってやると告げたが、以来同家には代々不具者が生まれる。」とある。北海道のアイヌの伝説と新潟市の伝説にどのような関係があるのか不明であるが、モチーフが大変似通っていると言える。赤羽正春は『鮭・鱒Ⅱ』(5)の中で、アイヌの「鮭の王の頼み」はオオスケ・コスケ伝承の基と指摘している。原型がどちらと言える資料はないが、北海道アイヌと新潟県は、かつてサケ・マス文化、習俗面でほぼ同じものを包含していたことが推測される。

五、山形県真室川町・鮭川村と旧・東田川郡朝日村（現・鶴岡市）のアイヌ語地名

前節六では真室川町の鮭川筋と旧・朝日村の赤川筋で、鮭の大助・小助あるいは鮭の精霊が叫び声を上げ、川を上ったり下ったりする伝承はアイヌが考える鮭の霊の往還の観念に由来すると論じた。ここでは、その論拠の一つとして、両地域のアイヌ語起源と考えられる地名を取り上げ、両地域には古い時代にアイヌ語を話す人達が居住し、鮭を捕って生活したであろう事実を挙げたい。以下、知里真志保の『地名アイヌ語小辞典』(6)等を参考に考察する。

［真室川町・鮭川村地域］

①差首鍋《さすなべ》　アイヌ語の（シャシ・ナイ・ぺ）から、「砦の側（傍ら）を流れる川の所」を意味する。(7)(8)

②平枝《ひらえだ》

アイヌ語の（ピラ・エン・タ）から、土が崩れて地肌の現われている崖が突き出ている、そこの意か。現在、「ふるさと伝承館」の裏側に突き出した台地のところ。

③名子《なご》

アイヌ語の（ナィ・コッ）から、水の無い沢、水の涸れた沢の意か。地元の人は本来は「なこ」だと言っている。鮭川と小又川に挟まれた台地の崖上と斜面に十四戸の家屋が建っている。水流がなく、傾斜地から極わずかに湧く水を溜めて利用した小さな水溜りを確認した。

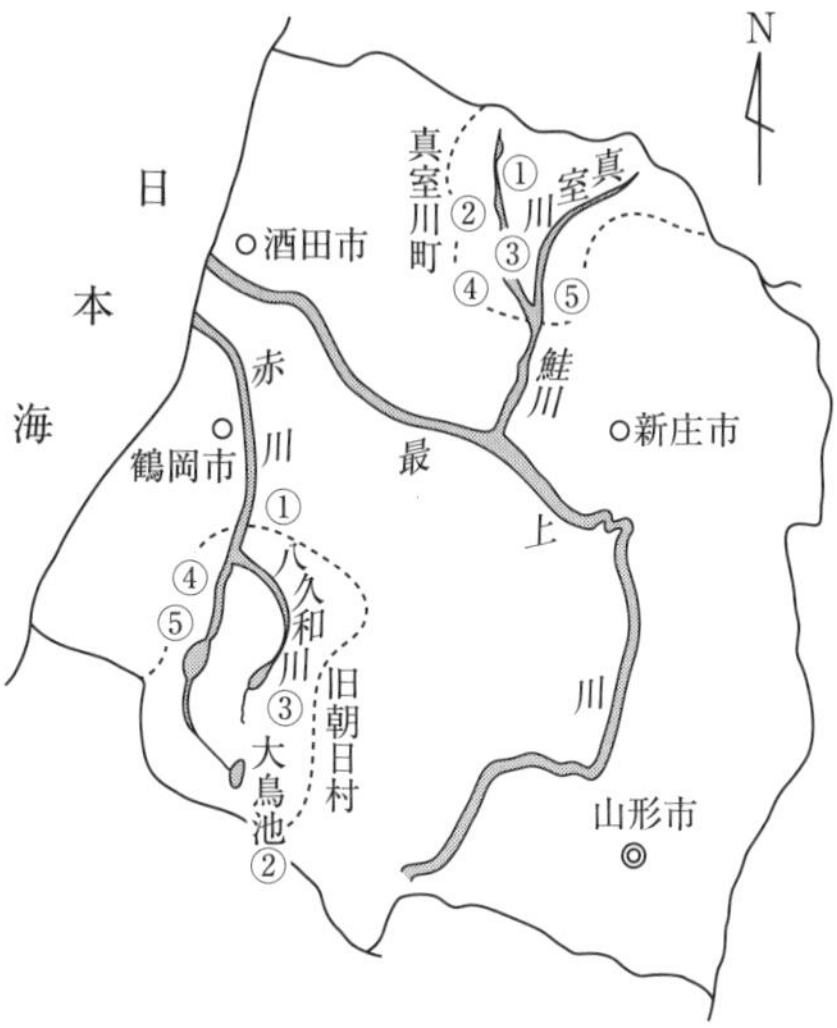

図１　山形県真室川町と旧朝日村（鶴岡市）の地名分布
各①～⑤の地名

④安楽城《あらき》

アイヌ語の（アラ・ケイ）から、きれいな芦《あし》の生えた所の意か。

⑤平岡《ひらおか》

アイヌ語の（ピラ）から、土が崩れて地肌の現われている崖のある岡の意。まむろ川温泉「梅里苑」のあるところ。

⑥岩木《いわき》

アイヌ語の（イワ・

ケ）から、岩の所か。（イワ・クイ）から、住んでいる所の意か。(8) 真室川町に近い鮭川村の地名。

［旧・朝日村地域］

①赤川《あかがわ》　アイヌ語の（ワッカ）から、水流、水の意。日本語化されアカ川となった。(8) 他に、鉱泉の赤い濁水に由来するという説。仏前に供える水を閼伽《あか》というが、湯殿の浄水が流れ込む川なので、アカ川と称したという説もある。(9)

②大鳥池《おおとりいけ》　アイヌ語の（オオ・ト・リ）から、高くある深い湖の意。水面標高九六六m、最大水深六八mあり、相応しい命名と思う。他に、奈良時代の僧・行基が関わる大鳥伝説は創作的過ぎるし、上方から見下ろすと、大鳥が羽根を広げたような形をしているからだとする説(9)があるが一般的だろうか。

③八久和川《やくわがわ》　八は「谷」、アイヌ語の（クッ・ワ）から、川岸に高い山がある絶壁の谷を流れる川の意。

④大針《おおばり》　アイヌ語の（オオ・パル）から、深い入口の意か。赤川の崖状の地形を表現している。

⑤仙納《せんのう》　アイヌ語の（シン・ノッ）から、出崎、山崎の意。山地が赤川に張り出している場所。荒沢ダムを造る山地。

○池《いけ》ノ平《のたい》、河胡桃平《かわくるみたい》、大平《おおたい》、上ノ平《うえのたい》、尾浦平《おうらたい》、仲ノ平《なかのたい》、漆ヶ平《うるしがたい》 など

同地域には、「―平」を「ひら」、「たいら」と読む地名も十数ヶ所存在するが、「たい」と発音するのはアイヌ語の「タィ」（林、森）から来たと考えられる。「台《だい》」の付く地名もあるが、台地状の地形を指す。

（図1の地図上に地名の番号を表示した）

六、結びに

山形県真室川町や鮭川村、旧・朝日村（現・鶴岡市）には、アイヌ語起源と考えられる地名が各五例以上ずつ認められ、比較的多い。これは、かつてアイヌ語を話す人すなわちアイヌの人達が生活居住していたことを示す。アイヌの人達の主食のひとつに鮭がある。両地域を流れる鮭川水系と赤川水系には鮭が多く遡上して来たので、鮭の霊魂の往還がアイヌの人達の時代から信じられ種々の要素を混合しながらも、大助や鮭の精霊が川を上ったり、下ったりし、海に入る「鮭の大助譚」が誕生したのではないだろうか。両地域には山間部の行き止まりが存在し、伝承が温存されたのだろう。なお、赤川を中心とした庄内地方では、産卵を終え死を待つ鮭をホッチャレイオと言うが、ホッチャレはアイヌ語起源と考えられる。

歴史的にも、四世紀には気候の寒冷化と共に続縄文文化を持つ北海道の人びと（アイヌ）は東北北部へ南下し、古墳社会の前線地帯である仙台平野と新潟平野をむすぶラインまで進出した。

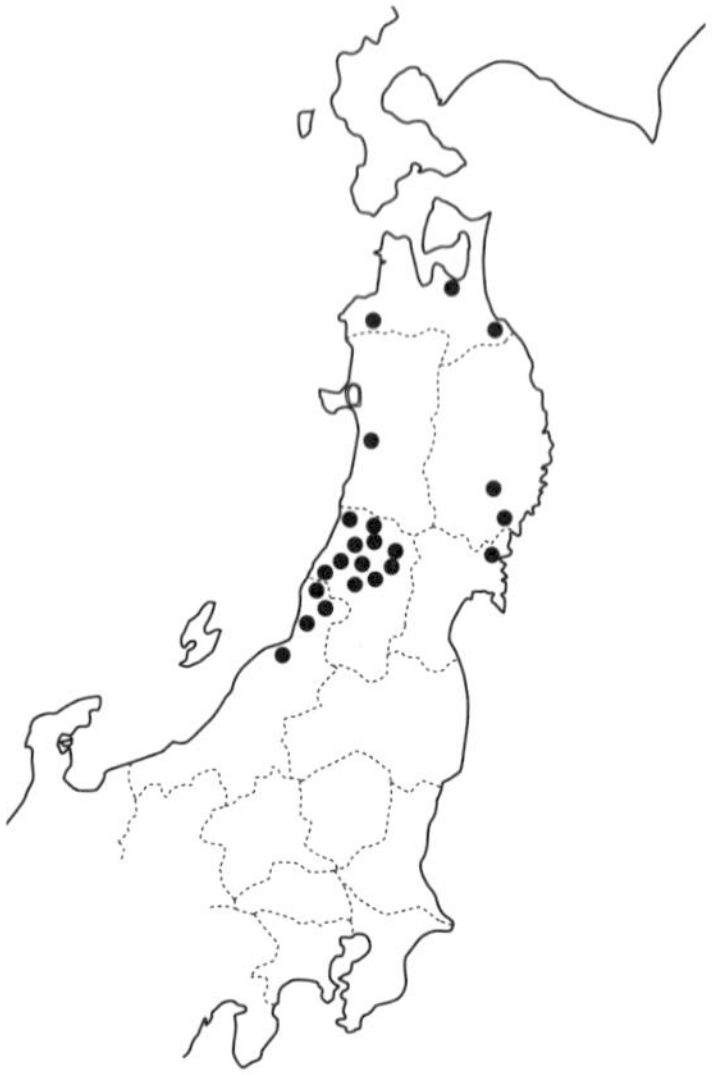

図2　鮭の大助譚の分布

彼らが東北地方にアイヌ語の地名を残していったと考えられている。[10]興味深いことに、続縄文人と古墳人が混在した新潟県を含む東北地方と「鮭の大助譚」の伝承地が重なることである（図2参照）。

このことは、「鮭の大助譚」がアイヌを主体とする続縄文人と和人を主体とする古墳人が接触し、生みだされた口承と考えられそうである。したがって、「鮭の大助譚」は蝦夷を土壌としているとも言い得よう。

大林太良は次のように述べている。北海道のアイヌには、初鮭儀礼や終り鮭を祭る儀礼があり、「鮭をめぐる信仰や儀礼は、東北地方の和人のところでも、たいへん盛んであったことです。つまり、北太平洋鮭文化領域の一環をなしており、アイヌ文化と連続する面をもっていることです。[11]」とし、東北地方や新潟市に分布する「鮭の大助譚」を挙げている。ただし、筆者が指摘した鮭の霊の往還観念については触れていない。筆者は山形県に観られる鮭の大助譚で、「鮭の大助いま上る」「鮭の大助いま下る」との伝承はアイヌが持つ鮭の霊の往還の観念と関係があると指摘した。しかし、この鮭の叫び声は北海道のアイヌには語られていない。その訳は東北地方において、指摘してきたように、捕らえられた鮭の祟りを伴った怨霊化が醸成されたこと、また、耳塞《みみふさ》ぎ餅習俗が普及し、鮭の死を同年輩の人間の死と同じように怖れたこと、鮭に乗って古里に帰る人間の物語が語られたり、アイヌでは鮭を神のもとに行く魚として扱うのに対して、東北地方では、人界の出来事と他宗教との関りを強く意識しており、その中で様々な大助伝承や習俗が形成されたからではないかと考える。

注

(1)『青森県の地名』日本歴史地名大系2巻　1982年7月10日発行　平凡社
(2)『角川日本地名大辞典2　青森県』昭和60年12月8日発行　角川書店
(3)松下高・高山謙治『鮭鱒聚苑』昭和17年8月30日発行　水産社
(4)武藤鉄城編著者『秋田郡邑魚譚』昭和十五年四月三十日発行　アチックミュージアム版権所有　1990年5月20日発行　無明舎出版
(5)赤羽正春『鮭鱒Ⅱ』二〇〇六年四月一〇日発行　法政大学出版局
(6)知里真志保『地名アイヌ語小辞典』昭和31年9月30日発行　北海道出版企画センター
(7)『山形県の地名』日本歴史地名大系6巻　1990年2月26日発行　平凡社
(8)安彦好重『山形県の地名—その起源をたずねて—』昭和53年11月2日発行　高陽堂書店

（9）『赤川流域の暮らしと文化』編集　「赤川流域の暮らしと文化」編集委員会　制作　建設省東北地方建設局月山ダム工事事務所　一九九六年（平成八年）三月発行　無明舎出版
（10）瀬川拓郎『アイヌと縄文―もうひとつの日本の歴史―』二〇一六年二月一〇日発行　筑摩書房
（11）大林太良『北の神々　南の英雄―列島のフォークロア12章―』一九九五年一二月一日発行　小学館

第六章　「谷地どんがまつり」の複合性

一、はじめに

谷地《やち》どんがまつりは筆者がかつて住んでいた山形県西村山郡河北町谷地にある谷地八幡宮の例大祭であり、幼少の頃から楽しみにしてきた祭りであった。当時は八幡宮境内にかかるサーカスなどが楽しみであったが、大人になると三年に一度廻ってくる当番のため、囃子屋台に参加するならわしになった。まつりは神輿渡御・還御、林家舞楽の奉奏を中心に、谷地奴、囃子屋台の巡演など多彩で古い伝統を持つ。諸先生方はすでに谷地どんがまつりの歴史や特色について、調査、検討を重ねて来られたので、視点を変えて、まつりの持つ複合性に着目し多少の検討を試みる。

二、谷地どんがまつりの概略

谷地どんがまつりは四〇〇年の伝統を誇るとされ(1)、平成二十四年度は九月十五日（土）、十六日（日）、十七日（月・祝）に挙行された。さらに十八日と十九日には奉納吟詠等が行われている。

初日の神輿渡御は八幡宮の神様が当番地区の御旅所の宮にお泊りするもので、翌日の例大祭の日には谷地奴を先頭にして、神官、御神馬、囃子屋台等が一キロもの行列を組み、本宮に還る。八幡宮石舞台で奉奏される林家舞楽は一一五〇年近い歴史を持っており、国の重要無形民俗文化財に指定されている。どんがまつりの呼称は、舞楽の笛と太鼓の音「オヒャラドンガ」に由来するとされる。谷地奴の持ち味は大名行列の奴にない土着の力強さ、たくましさ、野性味である。囃子屋台は町内を巡演し祭りを盛り上げる。祇園囃子の流れを汲む屋台があり、かつて紅花商人が京都と行き来して取り入れた京文化の名残をとどめている(2)。平成十九年度から始まった「全国奴まつり」は全国各地から、毎年四~五団体が出演し、まつりに新しい彩りを加えた。以下、まつりの内容について、その変遷を含めて特徴的な事柄について述べる。

(1)まつりの日程と当番制

まつりの日程は平成二十四年度は十五、十六、十七(平成二十三年度は十七、十八、十九日)で、土曜、日曜、祝日(敬老の日)の三日間に主な行事が催された。以前はまつりが平日に当たり、まつりの当番に当たる町内会の人は、職場を数日休まなければならなかったし、児童生徒も学校を休むことが生じたから、連休の休日に移行したのは望ましいことである。また観光客にも都合が良い。

歴史的には、夏祭りだったのが(3)、正徳六年(一七一六)に秋祭りになり旧八月十四日から二十日までの七日間が祭りの期間であった、明治四十年(一九〇七)から八幡神社の例祭を旧八月十五日から新九月十五日に改めている。(4) 七日間もの祭りの期間は「谷地のバカ祭り」と言われた程だが、昭和三十四年に四日間に短縮され、現在は実質三日間となっている。

奴や囃子屋台を出す当番制があり、現在は旧谷地町内を南部・中部・北部の三部制とし、三年に一度の輪番でまつりを担当するならわしがある。これについては「紅花による財力を恐れた幕府は、谷地八か村をそれぞれ天領・上山領・戸沢領に三分割し帰属せしめた。しかし、ときの英知はむしろこの制度を逆手に取り、三地区で一度の当番制として祭典一切の役を務めることにし、さらに大《おお》当番を置いて差配を取りもった(5)」という説がある。三年に一度のまつり当番は町内会にとって、まつり運営の財政上、楽になる。また、運営に当たる人材エネルギーの交替も可能であり、次世代へのまつりの継承に有利に作用してきた面がある。ただ、町全体の盛り上がりを欠くという一面もある。(6) また現在のような明確な三部制の確立は史料からみて明治期に入ってからではないかと考えられる。

御輿還御の先頭を務める谷地奴（谷地八幡宮）

(2) 神輿渡御・還御

まつりの初日に谷地八幡宮境内で舞楽が奉奏され、夜になると明かりを消して、「ごらんじょう詣《まい》り」の儀式が執り行われる。かがり火が灯される中、〝夜遊の舞楽〟が奏され、終わると明かりが灯される。そして祭神の乗る神輿が八幡宮から御旅所の宮に出発する神輿渡御が始まる。御旅所になる神社は毎年変わるが皇太神社、熊野神社、若宮八幡神社、秋葉神社、大日堂、三社宮などである。御旅所の宮では神輿を当番地区の男性数人が寝ずの番でお守りする。夜の舞楽（夜遊の舞楽）については、谷地八幡宮の林保彦宮司は「神や仏が民と一緒に過ごす演出なのだ」とし、「祭りの夜は生活の苦楽から解き放たれて楽しもうということなんです(7)」と語っている。

翌日の昼過ぎ、神輿行列が御旅所を出発し谷地八幡宮に帰る神輿還御は奴を先頭に清導旗、太鼓、笛、真榊、獅子、武者、役稚児、伶人、神官、猿田彦、従者、御神旗、神官、舞稚児、御神馬、副斎主、赤旗・白旗、御神輿、台、赤旗・白旗、斎主、大傘、収入箱、供奉稚児、町印《ちょうじるし》、囃子屋台の順で約一キロにもなる。行列の中で真榊、御神馬は神の依代であろうが、稚児の乗る車に熊などの毛皮が掛けられており目を引く。個人所有の物のようだが、獣類の呪力を借りる魔除けの意味があるのか、権威の誇示のためとも考えられる。

(3) 林家舞楽

まつりの初日と二日目に谷地八幡宮石舞台にて林家舞楽（谷地舞楽）が奉奏される。舞楽は日本に平安時代初期までに中国や朝鮮半島から渡来した。当時の国際的な文化を汲むものである。

谷地八幡宮の林重見前宮司の解説があるので次に引用する。

「[林家舞楽] 四大舞楽の一つ（宮中・四天王寺・南部楽所・林家）。林家は大阪四天王寺の五楽家の一族で、八六〇年（貞観二）慈覚大師の山寺開創のおり、林越前政照が一派を率いて随従し、山寺に定住して舞楽を奉仕したと「舞楽由緒」（林家蔵）に伝える。室町期に居を慈恩寺に移している。江戸初期に谷地に居住を替える。林家舞楽の特徴は、早く平安初期に地方に移ったため、平安中期以降の度重なる「楽制改革」の影響をほとんど受けず、従って他の舞楽に見られない、より古い要素の所作を保っている。芸能史研究上に貴重なものと、一九八一年（昭和五八）重要無形民俗文化財に指定された。一九五二年（昭和二七）、高松宮殿下がご覧になり、一九六〇年（昭和三五）、天皇皇后両陛下もご覧になった。現在伝承されている舞楽は、燕歩・三台・散手・太平楽・安摩・二ノ舞・抜頭《ばとう》・還城楽《げんじょうらく》・陵王・納曽利・軽楼」の十一番で、軽楼は代替わりのときのみに舞われる。

林家舞楽（谷地八幡宮）

舞楽図譜　嘉暦四年（一三二九）県有文

貴徳面　鎌倉期　　県有文」[8]（中略あり）

各舞楽の詳細については触れないが、林保彦宮司は燕歩は「邪気を払うといった儀式舞です」、三台は「当地にのみ伝承される貴重な舞であります」、散手は「剣を地に打つ所作があり鎮魂の舞」、安摩は「足を踏む所作があり、地鎮、鎮魂の舞と云われております」、有名な陵王は「沙羅龍王の舞、中国北斉の人、蘭陵王長恭のエピソードのある舞」、納曽利は「林家では唯一の朝鮮系の高麗楽」と話された[9]。また「仏教と共に伝わった舞楽には、文教政策の意味合いが強いものだった」、「端的に言えば、心を穏やかにする作用を狙ったものである」[7]としている。これにたいして長瀬一男は「霊の鎮魂のために行う舞」、「討ち滅ぼされた蝦夷達の魂鎮め」という題で講演している[10]。ただし、長瀬一男は「立石寺創建と林家舞楽」というテーマでの講演であり、谷地八幡宮と林家舞楽というテーマでない。

ところで平成十三年十月に訪中団が中国河北省邯鄲《かんたん》市磁県の蘭陵王長恭の墓前で、林家舞楽（燕歩・陵王・三台）を奉納し、友好を深めるという出来事があった。林家舞楽が優れた文化遺産であり、中国との貴重な文化交流、民間友好を図った実績を忘れてはならない。

なお、筆者は現在中国で陵王の舞が舞われているのか林保彦宮司に質問したことがある。林氏は「現在、正式には舞われていないと思う[11]」と答えられたと記憶している。しかしながら、大分以前のことであるが、日本の国立大学に中国から留学生として来ていた方が、谷地で陵王の舞を観て、「中国の甘粛省で舞われている」と言ったのを聞いている。また、中国の民俗に詳しいある大学教授の最近の話では「それは中国の内モンゴル自治区だ」とのことで未確認になっている。現地調査をしないと明確なことは言えないが、中国のある地域の行事に何らかの形で陵王の舞が遺っている可能性がある。明らかになれば嬉しいことである。

⑷谷地奴

休憩をとる奴

奴（谷地奴）は祭りの初日と二日目に当番地区を巡行し、二日目の神輿還御の際、行列の先頭で露払い（先払い）の役を勤めている。陣容は挟箱二人に続いて立傘、台笠、大小二本差しの大鳥毛《おおとりげ》、黒赤熊《くろしゃぐま》（谷地奴は「黒熊毛」と表記）の毛槍二人、白赤熊《しろしゃぐま》（白熊毛）の毛槍二人、奴元締めと付人が各一名ずつで計二十人である。谷地奴は奴唄を唄いながら振り歩くところに特色がある。また力強さと野性味が持ち味で、十八キロの重さの大鳥毛を振り回し、神社の鳥居をくぐり出発するときに行われる「本立て」、また「仮立て」は威厳を持つ。

谷地奴については井上雄次は、日本奴行列研究会理事長の工藤勝美（故人）が谷地奴について「これほどまでに、力と汗と豪快さを売り物にする奴はどこを探しても類例がないと首をひねる」と書いている。[12] また工藤氏は奴の身につける大きな毛皮製の煙草入れや根締めに最も驚きを示され「こういうものは他に見たことがありません」と繰り返されたという。したがつて、谷地奴の系譜は現在のところ不明としか言いようがない。大きな毛皮製の煙草入れとその飾りについて、河北町無形民俗文化財指定（平成十八年十一月三十日）の際の「文化財調査資料調書」[13] には「挟箱が算盤《そろばん》、台笠と立て傘は大福帳、大鳥毛は箕、黒熊毛は大瓢箪、白熊毛はおかめ面ヒョットコ面をつけるなどする。挟箱の算盤は新穀の量目を勘定し、台笠と立て傘の大福帳は新穀の量目を記録する。大鳥毛の箕は奴唄に「升もいらずに箕ではかる」とあるように豊かな新穀を量り、黒熊毛の瓢箪は祝い酒を、白熊毛のおかめヒョットコは祝い踊るさまを表現していると言われ、豊穣を祝福する願いを込めたものとされる」とある。

筆者の町内会の奴の経験者の話では「煙草入れ、瓢箪、仮面は奴付きが作った。煙草入れは熊や狸などの毛皮で作るので大変だった。作ったものは個人所有か町内会所有とした」あるいは「自分で作った」、「毛皮は熊、狸の他、白熊、虎、狼、赤牛、狐、犬、羊、兎などを使った」[14] という。また別の町内会では「女性たちが作る仕事をした」という話を聞いた。ただ最近の煙草入れは動物の毛皮ではなく、人造の毛皮様の材料を用いて作ったものもあるようで、おかめヒョットコの面は市販の物もある。月山丸の日本刀を差し、虎毛皮の煙草入れを帯びるなど侍風の雰囲気も醸している。

矢作春樹は「谷地奴の装いの中で、若衆の自己表現を許されたのが煙草入れとその飾りだった。だからこそ、それだけが次第に誇大化し、やがて豊年満作という庶民の願いに昇華されていったのだろう(15)」と述べている。ただ気になるのは稲作などの豊穣を願う奴の飾りに毛皮が用いられていることである。煙草入れの材料には様々な動物の毛皮が使われ、しかも誇大化、デフォルメ化している。神輿行列の稚児の乗る車に熊皮等が掛けられていることと同様、獣類の呪力を借りる意味がないのか検討の余地がある。また、稲作文化と毛皮文化は異質の面があるが、谷地奴の飾りでは同居しているし、毛皮を扱うことは穢れを含むとされる地域があるのに、谷地どんがまつりでは何ら違和感もなく溶けこんでいる。熊や狸などの多種類の毛皮で煙草入れを作るには、毛皮を扱う毛皮商や猟師（マタギ）が関わっていたようだ。かつては、皮革の細工をする職人もいたのではないか。それがいつの頃からなのかはっきりしないのだが、細工する技術を町民は次第に学んでいったと考えられる。

紅花の交易などで、毛皮商や皮革と関りのある人が入り、御幸行列の露払いの経験を生かし、谷地奴を起した可能性も考えられる。現に畿内には寺院の僧侶たちに随従する奴が存在する(16)。また、南部地域の奴を「京奴」と北部地区の人が言う訳を調べる必要がある。

奴唄にはエロチックな歌詞があるが、古老らの話によると「昔は新築した家の座敷に奴を草鞋《わらじ》のままで上がらせて接待し、草鞋の跡が畳に付き、大判小判のようなので縁起がよいと喜んだ」という(14)。奴を二階から見下ろすことは厳しく戒められている。神聖化してきた面もある。

奴の会計は独立採算制で原則御祝儀で賄う。御祝儀の金額は五千円程と聞くが、二万円も包むと本立てをすると聞く。全体の御祝儀は終了後、奴全員で均等に分けるならわしである。個人宛の御祝儀もあったようで「もてる奴ほど帰宅日が遅れたものだった」との古老の話を紹介している。(3)

奴の唄う奴唄であるが、南部・中部・北部地区で多少の違いがある。北部当番（平成十二年）の時の奴唄を次に紹介する。なお、各奴は三番程の持ち唄を持っていて「ヨーイ　ヨーイ　ヨイ」の掛け声は決まった奴が上の句と下の句の間及び下の句の後にいれる。

奴唄

一　目出度目出度の　若松様よ（ヨーイ　ヨーイ　ヨイ）
枝も栄える　葉も茂る
（ヨーイ　ヨーイ　ヨイ）

二　切れたわらじを　粗末にするな
お米育ての　親じゃもの

三　奴振るには　伊達には振らぬ
神のためとて　わしが振る

四　東山の雪　朝日にとける

五　なんだこのへな　この手を離せ
　　　　娘島田は　情けにとける
六　色で身を売る　西瓜でさえも
　　　　離せば　いつ来るあてがない
七　裏の石橋　板ならよかろう
　　　　中に苦労（黒）の　種がある
八　浅い川なら　膝までまくり
　　　　どんと踏んだら　俺だと悟れ
九　揃うた揃うたよ　奴振り揃うた
　　　　深くなる瀬に　帯をとく
十　目出度目出度の　度重なれば
　　　　秋の出穂より　まだよく揃うた
十一　朝の目覚めに　東を見れば
　　　　天の岩戸も　押し開く
十二　こちの旦那様　いつ来てみても
　　　　黄金混じりの　霧がおす
　　　　羽織袴で　金勘定

谷地奴

十三　惚れた惚れたと　口では言うが
　　　　　心裏腹　知らん顔
十四　お酒呑む人　芯から好きよ
　　　　　今日も酒酒　明日も酒
十五　会津磐梯山は　宝の山よ
　　　　　笹に黄金が　なり下がる
十六　分れ徳利を　手に提げて
　　　　　今宵名残の　雪の中

　　　モダシェロ　モダシェロ

一　クサイチャ　クサイチャ　ニラバタケ
　　　ヒトショリ　ショッテモ　マダクサイ
二　ウラノハタゲノ　ヤシェゴンボ
　　　オトドス　ヌイデガラ　ホッダコドナイ
三　キュウキントラズノ　カラヤッコ
　　　ヨカベアスカベ　ウヌカムナ
四　アネサド　モヅゴメ　シッショイホドシェイ

スイガド　コスマキ　アッガイホドシェイ

五　オラカガ　サチゥウデスミヤキダ

ドウリデ　ケッツガ　マックロダ

（オラカガ　サガエデナットウウリダ

ドウリデ　ケッツカラ　イドガデル）

六　ハヂマンサマノ　ゴリヤクデ

ビョウキモヤマイモ　ナニモナイ

アドハ　チョウジャトナルバカリ

アヽ　ヤラシャレ　ヤラシャレ　ヨーイ　ヨーイ

一部、野卑な歌詞があるが「どこか哀調を帯びた追分風の歌[17]」である。「秋田万歳」に似たところがあるという話も聞くので調べてみたが、大分違う。それにしても、このようにエロチックな奴唄を唄う奴を神輿行列の露払いに置いてきた庶民の感覚に関心を持たざるを得ない。つぎに奴の掛け声〝ヨーイ　ヨーイ〟はどういう意味なのか、「気合いを入れる」とか「〝用意〟という意味」という人もいるが、町の研究家に聞いてもよく分からないと言われる。井上雄次のまとめた冊子[12]に兵庫県の出石《いずし》町で行われる「出石・お城祭り」の時、赤坂奴系の奴行列があり「インサトーイ・イーヤトマカセ・ヨイヨイハーヨーイ」と掛け声を掛けるとある。こうした掛け声の一部を谷地奴が真似たとも考えられる。なお、テレビ映像でのことであるが、北海道のアイヌの集落で再現された熊送り（イヨマンテ）の儀式の終盤で二、三人の男性が大きな竹笹を担いで、〝ヨーイ　ヨーイ〟と練り歩く姿を観た経験がある。故・工藤勝美氏が谷地奴が北海道道南の二、三の神社で行われている奴と似たところがあると述べたという話を聞いているので少々気になるところである。

谷地奴の歴史について、大町念仏講帳(4)には明治三十三年に「旧例ニヨリヤッコ等アリ」とあるから、以前から奴は振られていたようだ。文久三年（一八六三）、高関の高林寺の観音堂移築祝いに境内で奴を振ったという伝承があること、天保年間の一八三〇年代に海老名某が谷地奴を習得して、それをもとにして湯野沢流の奴が生まれた記録があること、古い奴唄に「二朱も金だし三朱も金だ　四朱は一分で　五朱は酒」などという江戸洒落《しゃれ》が唄われていることなどからみても、江戸時代の末には谷地奴はふられていたように思うとされる(12)(15)。

なお、谷地奴の系統を引く奴には村山市の湯野沢奴、寒河江市の高屋奴、大江町左沢の小漆川奴があるとされる。

「全国奴まつり」が平成十九年から、まつりの最終日に、どんがホール周辺で開催されるようになった。井上雄次氏の尽力によるところが大きいが、毎年四～五団体の奴が全国各地から参加しており、奴文化の多彩さを一堂に観ることができる。

(5) 囃子屋台

囃子屋台はまつりの期間中、町内一円を巡演し、まつりの雰囲気を盛り上げる。三年に一度、まつりの当番が廻ってくると、町内会挙げて取り組むことになるが、運営主体は青年会とするのが伝統である。ただ、町内会の世帯数にはかなりの大小があり、巡演を三日間から二日間に短縮せざるを得ない町内会もある。太鼓、鉦、笛、三味線による囃子を演奏する屋台であるが、京都祇園囃子の流れを汲むと名乗る屋台もある。しかし鉦を使う屋台は少なくなっており、矢作春樹も「祇園の流れを汲むと主張するのであれば、鉦の音を入れてほしいのである(3)」と述べているが、もっともと思う。

囃子屋台

太鼓打ちは小学校四・五・六年生、笛(横笛)吹きは中学・高校生か青年というのが大きな町内会の場合であるが、小さな町内会では小学生が三人しかいないというところもあるのが現状で、幼稚園年長や他町内の親戚の子どもに参加してもらっているところもある。屋台では踊りを披露するが、日本舞踊の社中が演ずるのを主とする。昭和五十年代頃までは芸妓の方も見られた。屋台は以前、子供や若者達が引くものになっていたが、現在はトラックの荷台に組んでいる。

史料[6]によると、文政五年（一八二二）の二百十日風祭に二台の囃子座が出たと記されている。囃子屋台が他町内に巡演するため入る際は、事前に他町内の祭典事務所に出向き、許可を得なければならないという掟がある。これを「到来の制」と言い、厳しく守られている。過去において、囃子屋台の先駆けとなる町印の間でトラブルが生じたり、屋台の通行に支障が生じたことなどにより取り決められた制度であろう。

屋台の運営経費は、町内会で異なるだろうが、数百万円を必要とする。収入源は町内会の寄附、御祝儀、町助成金などのようである。御祝儀は最近まで、「花」と言って、屋台巡演の時、各戸から普通は千円程度入った御祝儀袋を貰い歩いたものであるが、現在は谷地の各戸から、屋台一台につき五百円の祭典協力金を徴収している。例年、六〜七台の屋台が出る。まつりの最終日の夜には囃子屋台の競演があり多くの観客を集める。

(6)史料に観るまつりの様相

谷地八幡宮の大祭は元治元年（一八六四）の山形名物番付では東の大関格に列せられている。まつりには様々な芸能などが来たようで、史料[6]にみえることを少々触れておく。

江戸期の祭典では、くじゃく（孔雀）の見せ物がしばしば出てくる。また、谷風、雷電などの相撲が来た。人形しばひ（芝居）、義太夫ぶし、軽業猿狂言獅子廻狂言というものも来ている。千両役者の尾上菊五郎まで来た。嘉永四年（一八五一）の祭典には「最上郡中より諸見物凡十万人とも相見へ申候[4]」とあるから、かなりの賑わいであったことが分かる。明治期に入ると、猿芸興行、地元の若衆や子どもが仮装して踊り歩き、それぞれの祝福を受ける「かせどり」とか「コッコー」で賑わったとある。田植踊りがあり、東根市長瀞の長瀞獅々踊りも来ている。大正期には村山市湯野沢から湯野沢獅子踊が来ている。また昭和初期にかけて、組織的な仮装行列があったようだ。戦後になると、八幡神社境内にサーカスが掛かるようになる。今は来なくなり、射的や御好み焼の露店が出ている。

また大祭はかつて「土場《どば》の祭《まつ》」とも言われたという。史料には、江戸期において、しばしば、「八幡祭礼、博奕《ばくち》大停止」とか「博奕打・浪人たちの喧嘩あり、大混乱となる」などとある。博奕御法度が出てもまたぶり返すという有様だったようだ。当時、博奕は谷地の祭りに限らず、山形や寒河江等の寺社祭典の時、行われていた。祭礼にこのような悪（現在では法的に明確な犯罪）が伴っていたのである。

三、まつりの複合性

谷地どんがまつりは神輿渡御・還御、林家舞楽、谷地奴、囃子屋台等々、様々な行事、出し物から成り立っており、さらに各行事、出し物等にも複数の要素が見いだされると考える。筆者はこれをまつりの「複合性」と捉え、前述したことを整理し指摘してみる。

まず、まつり初日の神輿渡御と二日目の神輿還御についてであるが、前述したように、神輿渡御時の〝夜遊の舞楽〟に触れて宮司は「神と仏が民と一緒に過ごす演出なのだ」「祭の夜は生活の苦楽から解き放たれて楽しもうということです」と述べている。神輿還御の行列の先頭で露払いの役目をするのが谷地奴である。他に例を見ない独特の力強さを持つ奴である。腰には大きな毛皮の煙草入れなどを着け、野卑な奴唄を唄い、時には横暴な振る舞いをした経歴がある。まさに聖と俗の組み合わせからなる行列である。このように一見、穢れを帯びたとも言える奴が神聖な神輿行列の露払い（先払い）を務めてきたのはなぜなのだろうか。「払う」は穢れを「祓う」の意味であるから、まつりの大きな特徴と言える。また、神輿還御の行列で、稚児の乗る車に個人所有の熊などの大きな動物の毛皮が掛けられている。奴の大きな毛皮製の煙草入れと同様、獣類の呪力を帯びる。

林家舞楽は日本の舞楽の中でも古い要素の所作を保つ事から、国の重要無形民俗文化財に指定されている。天皇皇后両陛下もご覧になっている。林家では舞楽を鎮魂・地鎮の舞と言い、仏教とともに伝わった「心を穏やかにする作用を狙った」文教政策の意味合いが強いとしている。それに対して、林家舞楽は討ち滅ぼされた蝦夷たちの魂鎮めのために舞われ、鎮護国家が目的であると説く研究者もいる。

舞楽は古く、シルクロード、中国、朝鮮半島を通って日本に伝来した国際性を持つ芸能文化であるが、林家舞楽は平成十三年に中国河北省の蘭陵王長恭の墓前で舞楽を舞い、友好親善に貢献している。海外にも通ずる貴重な文化財である。

前述したように、谷地奴は全国を探しても類例のない力と汗と豪快さを売りにする奴である。

今のところ残念ながら谷地奴の系譜ははっきりしない。奴が身に着ける飾り物や奴唄には農作物の豊穣を祝福する表現が見られる。同時に大きな誇大化・デフォルメ化された毛皮製の煙草入れを腰に着け、異質な毛皮の文化も取り入れているのである。新築した家では奴を草鞋履きのまま畳に上げたり、二階から観るのを禁じたり、神格化した経緯がある。一方、過去には横暴な振舞いをしたために、行列の露払いを外された時もあった。奴唄は野卑な歌詞を含むが、追分風の哀調を帯びたところもあるので受けてきたのだろう。全く、庶民から起こった奴文化と思われる。六年前から、全国各地の多様な奴行列を招いて「全国奴まつり」を開催し、まつりに新しい彩りを加えた。

囃子屋台は京都の祇園囃子の流れを汲むという屋台もあるが、その面影は薄くなりつつあり、日本舞踊主体の踊りが見所になっている。屋台は以前、人が引いていたが、現在はトラックに屋台を組んで巡演している。玄関口で御祝儀を頂き、マイクで芳名とお礼を述べたものであるが、現在は屋台一台につき五百円の祭典協力金を徴収している。合理化したとも言えるが、失われたものもなにかあるような気がする。最終日の囃子屋台の競演は全国奴まつりと一緒に行われるため、多くの観客が集まるが、各町内を巡演する屋台を観る人は多いとは言えない。他に歴史のある提灯屋台展示と行列、奉納沢畑風まつり太鼓、大黒舞奉納、豆奴巡演、歌謡ショーなどがある。露店も多く並ぶ訳で谷地どんがまつりは異質なものをはじめ、様々な要素が渾然一体となって成り立っているように思われる。これらの内容は聖と俗及び国内文化や国際文化の融合というタームで表現できないだろうか。大まかに言うと、聖の代表は八幡宮祭典の神輿と舞楽であり、俗の代表は谷地奴（ただし聖として扱われた面もある）と囃子屋台、また国内文化の融合例は囃子屋台と谷地奴と全国奴まつり、国際文化の融合例は林家舞楽である。これらは永い歴史の中で培われてきたのである。

現代の祭りが、山形花笠まつり、村山徳内まつり、寒河江の神輿の祭典のように、単一化・巨大化する風潮の中で、谷地どんがまつりは複合性に富んだ貴重な祭りと言えよう。

日本民俗学では清浄性・神聖性を〝ハレ〟、日常性・世俗性を〝ケ〟、不浄性を〝ケガレ〟とする漠然とした概念がある。この概念に基づけば、八幡宮例大祭や神輿はハレ、谷地奴はケガレに当たると言えよう。まつり以外の日常はケである。ケガレはハレと対立するとする説[18]があるが、谷地どんがまつりでは谷地奴は神輿還御行列の露払い（先払い）として先頭を務めている。これはどう解釈するべきなのか。宮田登は伊藤幹治の説を引き、「聖には浄と不浄、吉と凶という異なった神秘的な力が混在しているとみられる」とし、ハレとケガレの組み合わせは聖の両義性にあたるとしている[19]。ここからハレ・ケガレ対ケという構図が出てくる。この説に従えば、谷地奴を露払いとする神輿行列はハレとケガレを具足する聖の両義性で説明できる。また、宮田によると桜井徳太郎はハレとケの媒介項としてケガレを定立させた。桜井はケが語源的には、稲を生長させる霊力をさすものとみており、ケが枯れる状態が、すなわちケ枯レ＝ケガレであり、このケガレを回復するのが、ハレの日の神祭りの機会だとして、ケ↓ケガレ、ケガレ↓ハレ、ハレ↓ケの循環論を提示したとある。この説もこれらの問題の考察に役立つように思う。谷地どんがまつりは民俗学的にも様々な興味深い内容を含んでいる。

四、おわりに

この小論を書くに当たって、河北町の矢作春樹氏をはじめ諸先生方、内楯町内会の皆様から御教示いただいた。記して感謝の意を表する。

注

（1）「谷地どんがまつり」散らし（平成二十四年　谷地どんがまつり実行委員会）

（2）村田弘「谷地どんがまつり」『村山ふるさと大百科』（二〇〇八年五月二四日　郷土出版社）

（3）矢作春樹「どんが祭り　お祭り散歩」『遊学館ブックス　山形の祭り』（平成十五年九月二十八日（財）山形県生涯学習財団）

（4）『大町念仏講帳』（平成三年三月一日　河北町）

（5）石垣俊男「河北町のまつり」『新版山形県大百科事典』（平成五年十月十五日　山形放送株式会社）

（6）鈴木勲・宇佐美貴子「史料に見る谷地の祭り年表」（平成十五年一月）

(7)「千古の鼓動」『ｇａｔｔａ！』二〇一一年十一月号（二〇一一年十月五日　ガッタハウス）
(8)林重見「林家舞楽」『山形県大百科事典』（昭和五十八年六月一日　山形放送株式会社）
(9)林保彦「映像でみる林家舞楽　所作の意味と由来」『河北町の歴史講座』（平成二十五年二月十六日　サハトべに花）
(10)長瀬一男「立石寺創建と林家舞楽」『第二回山寺学講座資料』（平成二十四年九月二日　山寺公民館）
(11)林保彦「林家舞楽の歴史」『河北町の歴史講座』（平成十八年十二月十六日　サハトべに花）
(12)井上雄次『奴よもやま話―荒ぶる谷地男（第三稿）』
(13)「文化財調査資料調書」（河北町教育委員会）
(14)奴経験者より聞き取り（平成二十四年九月十六日、平成二十五年五月十二日）
(15)矢作春樹「河北町無形民俗文化財　谷地奴」『西村山地域史研究会会報　第二十五号』（二〇〇七年一月）
(16)中野洋平「先払い役と被差別民―差別と民俗を考える―」（二〇一〇年一〇月三日　日本民俗学会　第六二回年次大会）
(17)井上雄次「谷地奴　ダイジェスト」（二〇〇六年十二月刊　河北町「谷地奴」保存会）
(18)波平恵美子『ケガレ』（一九八五年　東京堂出版）
(19)宮田登『ケガレの民俗誌』（二〇一〇年十二月一〇日　筑摩書房）

第七章　大工の穢れ観念

一、はじめに

山形県西村山郡河北町谷地に職人や昔の農家の道具と資料を展示する〝遊蔵《ゆっくら》〟と言う施設が平成二〇年五月一日に開館した。その展示資料の中に、江戸時代の天明五年に現在の寒河江市の大工達が連印で代官所の牢屋修繕について提出した願書（複製）がある。牢屋の修繕は不浄（穢れ）であるから、他所者の大工にさせてほしいなどと書かれている。それを観て、筆者の大工であった亡父・周一が昭和三六、七年頃、山形市にある刑務所の移転・新築工事の仕事を「刑務所の仕事ではなあ…」と亡母とひそひそ話していたことを思い起こした。亡父がなぜそのようなことを言ったのか、不思議に思い記憶していたが、先に述べた天明五年の大工達の願書にみられる不浄（穢れ）観念に通ずるものがないのか報告を兼ねて考察してみる。

二、寒河江四ヶ村の大工が牢屋修繕につき提出した願書

この文書は現在、寒河江市教育委員会所蔵になっているが、以前は寒河江市の大工組合に伝わ

り、寒河江市建設総合組合から市教委に移ったものである。翻字は寒河江市の宇井啓氏によるもので、氏の承諾を得て掲載する。(1)

乍恐以書付奉願上候御事

一此度柴橋料ヨリ入牢人有之、当御陣屋元牢屋御借被遊候処、悉大破仕候ニ付、私共一同御取掛ケ繕ひ御普請火急之御用被仰付、銘々町方在々江罷出家蔵造立諸造作等難手放稼方仕罷在候得共、厳重之被仰渡ニ付、諸事打捨早速御用方相勤御差支之儀聊無之様ニ仕候。尤右牢屋造立并修覆方之義は私領ニ而ハ御扶持頂戴仕罷在右之者共ハ不浄方相稼候ものニ付、家蔵其外何ニ而も世上普請方には一向携り不申候所、此度私共右牢屋繕ひ被仰付候ニ付、当所町在方共相嫌ひ雇ひ不申候而ハ私共日用相稼候もの共妻子扶助可仕様無御座、近年諸色

高直ニ而別而去々卯年已来困窮仕候所、
此上私共相雇候もの無御座候而ハ及飢候外無御座
嘆ケ敷奉存候間、何卒此所御勘弁被成下
是迠当所江他所大工入込相稼罷在ケ様之
御用御座候節は一向用立不申、却而私共
儀は不浄ニ存此末他所大工斗重ニ相稼候様ニ
成行候而難儀当惑仕候義ニ御座候間、已来
他所大工ハ私共方ニ而稼方始末仕我侭白由之
稼方ハ為仕不申、当所大工共之内ニ年番
棟梁相立置、御陣屋御普請御用
被仰付候儀は勿論、町方旦那衆中ヨリ急
普請請等被仰付候共。年番棟梁大工御繰出し
聊差支無之様ニ可仕候、已来他所大工之義
私共方差配仕候様ニ被仰付可下置候。然ル上は
仲間之もの得与取調等閑不勤ニもの
有之候ハバ、早速引替差出日用之儀申合
率直ニ申請候義決而不仕、町方而大工御賄方之義

先年他所大工入不申節は、被是我侭之義申
募リ夫ヨリ専他所大工立入候様ニ相成候間、以来
右躰不法之義無之様ニ急度仲間取極御
願申上候。且又御冥加之ため此末御陣屋様
御歳徳并御粧之義年々ニ当所大工より
仕立差上候ニ可仕候、右品々取極奉願間、
乍憚右之逸々聞召被為分願之通被
仰付被下置度大工仲間一同連印
書付奉差上候、以上

天明五年巳年七月

楯南村

大工

金次郎　印

茂左エ門　印

定七　印

楯西村

忠兵エ　印

吉左エ門　印
徳兵エ　印
与市　印
藤兵エ　印
義藏　印
太兵エ　印
常吉　印
松兵エ　印
伝之助　印
楯北村
善太郎　印
金兵エ　印
惣吉　印
太兵エ　印
久兵エ　印
石川村
久七　印

弥惣吉　印
伊右エ門　印

寒河江
御会所
町方
御名主様中

文書の概略は罪人を入れることになった寒河江代官所の牢屋が大破しているので、寒河江の大工が修繕を仰せ付けられたが、今回はやむなく引き受けた。しかし牢屋を修繕したり建てたりする仕事は世間では不浄（穢れのあること）なこととし、それに携わった大工は家を建てたり、蔵を建てたりする目出度い（すなわち〝ハレ〟）仕事に雇われなくなるのが当地のしきたりである。それで我々の棟梁が厳重に監督するので、今後こういう仕事は他所者の大工に頼んで欲しいと寒河江四ヶ村の大工一同・二一名が連印で寒河江御会所と町方御名主様中に願い出たものである。

天明五年巳七月（一七八五年）の日付になっているので、今から二二六年前の文書である。江戸時代の天明年間に寒河江の郷では、一般庶民の間で、牢屋を修繕したり、建てたりする仕事は不浄すなわち穢れがあることとされ、それに携わった大工も穢れがあるので、仕事を貰えなくなる程、嫌われ差別されたことが分かる。

それではこの穢れ観念はどこから派生したのか。平安時代から、死、出産、女性の生理、獣肉食などが穢れとされた事実がある。そして、いつの頃からか、罪人なども穢れの範疇にあると考えられてきたのだろう。また、西村山郡地方で牢屋の穢れ観念はいつ頃発生したのか。明確なことは言えないが、江戸時代の寛文年間に、京都には青屋大工あるいは牢屋大工と言われた罪人処刑の際の用材の調達をする被差別の大工が存在した。(2) 不浄の用材や建物に関わるので差別された訳であるが、これらの牢屋や大工に関わる不浄（穢れ）観念が江戸時代に京都方面との交流を通して、寒河江、西村山郡地方に伝えられたとも考えられる。

三、河北町の大工に近年みられた穢れ観念

「はじめに」に書いたが、筆者の大工であった亡父（明治四二年生れ）が昭和三六、七年頃、筆者は高校二、三年生の頃であったが亡母とひそひそと「刑務所の仕事ではなあ…」と言っていたことを記憶している。現在、山形市あけぼのに建っている山形刑務所は昭和三七年に同市香澄町から新築移転している。多分、亡父に仕事の話があってのことだったと推測される。なぜ、刑務所の仕事を嫌ったのかはっきりしなかったので、昨年、河北町谷地在住の年配の大工さんに山形刑務所建築の仕事についての記憶があるか聞いてみた。しかし、亡父と同年齢ぐらいの大工さんは健在であれば満一〇〇才を越えており、ほとんどの方がすでに亡くなっていた。ただ、亡父と過去に面識のあった大工さんの細谷英司氏（七二歳）から、次のような話を聞くことが出来た。「若い時、年寄りの大工さん達が山形刑務所を建てる仕事をするのは気が進まないと言っている

のを聞いた。その理由は分からなかったが、多分〝遊蔵〟に展示している江戸時代の大工達が寒河江代官所の牢屋修繕を穢れのある仕事だからと願い出た文書の事と関係があるのではないか[3]」と言うことであった。この話は亡父が話していたことに関連する内容と考えられる。これらの事から、山形刑務所新築工事の大工仕事が河北町谷地の大工達に話があって、大工仲間の間で仕事の是非について話題になり、「気が進まない」などと嫌がる話が出ていたのは事実と考えられる。亡父は山形刑務所の仕事には行かなかったと記憶しているが、他の大工さん達はどうであったのか?。割り切って仕事に行った方もいたのかも知れないが確認はできていない。寒河江巾の年配の大工さんにも話を聞きたかったが、亡父と同齢に近い大工さんは亡くなっている人が多いとのことで、残念ながら、その機会は得られなかった。河北町の大工は寒河江の大工からみれば他所者になるだろうが、近隣の地であるから古くから交流があったようで、筆者の曾祖父は明治一一年に寒河江の西村山郡役所と明治一九年に郡会議堂を建てた棟梁の一人である。曾祖母は寒河江の出である。世間や大工仲間に穢れ観念があれば寒河江から河北町の谷地に伝わっても不思議ではない。

刑務所は明治時代より監獄と呼ばれ、囚人用に菅笠を昭和三〇年ころまで使用するなど、昔の牢屋のイメージを近年まで引きずってきた訳であるから、罪人、邪悪にまとわりつく穢れ観念とともに、牢屋から刑務所に変わったものの、文書に見られる江戸時代の天明年間から昭和四〇年頃までの約一八〇年間、寒河江、谷地方面の大工仲間や世間で牢屋と刑務所の穢れ観念が語り継がれてきたと考えられる。なぜ、一八〇年という永い間、伝えられてきたのか、今後の研究すべき課題であるが、一般世間で忘れられても、大工集団の太子講の存在が伝承に関わってきたとも考えられる。太子講は現在も寒河江市と河北町で続けられている。しかし、刑務所の建築工事を嫌った大工さんを亡父より若い方から見出すことは困難であった。刑務所の仕事は日常的にはないであろうし、あっても大手の建設業者が請け負うことが多いから、仕事の話はあまり来ないと思われる。あっても経済優先の時代になり、しきたりに捕らわれない大工さんが増えているのではないかと思われる。

今、河北町の大工さんの間では寺院の建築に関わる観念が語られている。「お寺の建築などの仕事を先立ってすると早く亡くなる(4)」と言われている。実際に棟梁を務めた人がそうであったとこだわる大工さんがいるようだ。死の穢れ観念によるものと考えられる。河北町谷地では葬式の後、神主にお祓いをしてもらう習慣はあるが、寺院の建築について、一般の人が穢れ観念を言うのを聞かない。大工さんの集団には独特の意識が存在するようで、現在も仕事に関わる死の穢れ観念が受け継がれているのである。

四、まとめ

江戸時代の天明年間、寒河江四ヶ村の大工が代官所の牢屋修繕を不浄(穢れ)な仕事であるとして願い出た文書が残されている。京都方面から、被差別の青屋大工(牢屋大工)に対する不浄

（穢れ）観念と差別意識が寒河江市方面に伝えられた可能性が考えられる。

昭和三六、七年頃、山形刑務所の新築工事の仕事で、河北町谷地の大工達の間にその是非が話題になっていた事実が確認された。穢れ観念に基づく是非の話であったと推測される。約一八〇年もの間、西村山郡地方の大工集団に牢屋、刑務所の穢れ観念が伝承されてきた可能性が高い。現在、河北町の大工の間では寺院建築に関わり、死の穢れ観念が語られている。大工集団には独特な伝承意識が存在することに気付かされる。

最後に、「はじめに」にも書いたが、この小論を書いた動機は河北町の〝遊蔵〟の展示物の中に大工達の古文書を観たことにあった。その展示物は河北町の安部新蔵氏の尽力により揃えられたと聞いている。また、安部氏の論文[5]も参考にさせていただいた。御礼申し上げる次第である。

注

（1）宇井啓氏より平成二三年九月三日承諾を得る

（2）喜田貞吉『被差別部落とは何か』（河出書房新社　二〇〇八年二月一九日発行）

（3）河北町谷地の細谷英司氏より、遊蔵にて平成二二年一〇月一七日聞き取り

（4）河北町西里の岡田清市氏より、遊蔵にて平成二二年一〇月一七日聞き取り

（5）安部新蔵「匠の道具館開館に向けて」『河北の歴史と文化　平成21・3』（河北郷土史研究会　平成二一年三月三一日発行）

第八章　埋め墓の塔婆供養——朝日町大谷字粧坂の事例——

一、はじめに

山形県西村山郡朝日町大谷字粧坂集落の墓制については、野口一雄の論文[1]と市村幸夫の研究発表[2]で両墓制が明らかになっている。現在、十三戸から成る集落の両墓制は崩れつつあるが、平成十三年当時は両墓制が確認できた。筆者の手元に当時の写真が二十数枚残っているが、埋め墓には板塔婆、角塔婆の他に先端が二股状の塔婆、「山の神」と書かれた塔婆などが立ててあり、塔婆供養の有り様が気になっていたのだが、十数年の歳月が流れてしまった。本論では集落の八十三歳と七十三歳の男性からの聞き取り[3]と平成十三年当時の写真をもとにして、埋め墓の塔婆供養について報告する。

二、塔婆供養の有り様

塔婆は平成十三年当時、立てる場所は埋め墓だけで詣り墓には立てないことが確認されている[2]。これから述べるのは埋め墓の塔婆供養についてである。

立てる。

(1)板塔婆

四十九日、百ヵ日、一周忌、三回忌、七回忌、十三回忌、十七回忌、二十三回忌の法要の時に

昔は埋葬の時、埋め墓に寺の住職が来てお経を上げてもらったが、菩提寺である真中の昌城院（真言宗）の住職が亡くなり、他寺の住職が兼務するようになって、葬儀や法事の時は来て下さっていますが、墓に行ったことはないという。(2) 現在も変わりはない。

(2)先端が二股状の塔婆（二又塔婆）

男女とも、三十三回忌の時、立てるもので、先端が二股になった約二メートルの栗の生木を削り、梵字と戒名を書いたもの。大工が削り、住職が戒名等を書く。三十三回忌法要を最終年忌の弔い上げとしているのか聞いてみたが、そのような意識はないとのことである。粧坂の集落でこの塔婆を何と呼んでいたのか、どのような意味をもつ塔婆なのか、現在知る人がいなくなっている。十年ぐらい前には知る人がいたはずという。山の木で、幹の途中から二股や三股に分かれている木は「山の神の休み木」とされているが、「山の神」と書かれた塔婆とも関わってくるのだろうか。現在は三十三回忌に、このような二又塔婆を立てる人はいなくなったという。石塔墓に板塔婆を立てる人が多くなっている。

全国的には三十三回忌や五十回忌を最終年忌とするところが一般的である。岩田重則が採録した「最終年忌塔婆一覧表」の事例（二五六例）から塔婆供養の有り様が分かる。山形県の事例は

三例採録されており、西村山郡西川町月山沢・四ッ沢・砂子関・二ッ掛では五十回忌の時に、栗の木で塔婆を作り、寺で戒名を書いてもらって立てる。ただし形状は不詳とある。また、西川町中村では三十三回忌に柳の生木で塔婆を作って立てる。これも形状は不詳。西置賜郡小国町小玉川では三十三回忌に「ヤナギボトケ」と呼ぶ梢付《うれつき》塔婆を立てる。この「一覧表」から見ると、三十三回忌に、栗の木で作った二又塔婆を立てるところは、全国でも青森、岩手、宮城、福島の東北地方の太平洋側各県と新潟県佐渡地方にのみ分布している。山形県内では、筆者は詳細に調べた訳でないが、今のところ確認できるのは朝日町の粧坂集落の埋め墓のみである。

埋め墓の塔婆

（中央１体が二又塔婆、他４体が角塔婆）

(3)角塔婆

約十センチ四方、高さ一メートル三十八センチから四十八センチの杉の材で作られ、先端がややピラミッド状になっている。男女とも五十回忌の時に立てる。五十回忌を最終年忌とするところが全国的にみられるが、粧坂集落ではそういう意識はないという。百回忌も百五十回忌もあるとのことである。現

珍充山神碑（弥富子地蔵堂）

在は立てる人が少なくなったという。その理由としては、火葬が普及して六～七年前から埋め墓に埋葬しなくなり、埋め墓の遺骨を詣り墓の石塔墓に移す人が出てきたことがあげられる。五十回忌の板塔婆を石塔墓に立ててあるのがみられた。角塔婆は朽ちるまで立てておくので傾いた角塔婆がみられる（写真参照）。

五十回忌を最終年忌とし、角塔婆を立てるところを岩田重則の「最終年忌塔婆一覧表」から拾ってみると、福島、東京都伊豆諸島、滋賀、兵庫、奈良、鳥取、岡山、広島、徳島、高知の西日本を中心とした各県に分布している。

(4)「山の神」と書かれた塔婆

平成十四・五年頃と記憶するが、埋め墓に一本立っていたもので、この塔婆は大変珍らしいものであったが、正確な記録を残していなかったのが悔まれる。先端が二股になっている二又塔婆に似ており、削られた部分に、一番上から「山の神」と墨書され、以下、戒名等が書かれていたように記憶している。何回忌の供養であったのか、木の材質も判然としない。写真を撮ったはずであったが、紛失してしまったのは残念である。今回の聞き取りでは分からないという話であった。十年くらい前まで一部の人が立てていたものではないかと考えられる。死者の霊が祖霊さらに山の神に変わることを祈念した塔婆であったのかもしれない。

人の死後、山の神になるという観念が存在したことが江戸時代の西村山郡地方にみられる。その一例として、河北町谷地字下沢畑の弥富子《やぶこ》地蔵堂境内に「珍充山神」と刻銘された高さ一六〇センチの大きな石碑がある。これは旧工藤小路村の工藤弥次右エ門珍充《はるみつ》を山神として祀った碑である。弥次右エ門家は代々庄屋と割元を勤めた家柄で、珍充の築堤や造林の功績は誠に大きく、地元の人たちはその功を称えて、珍充の没後二年の文政十三年（一八三〇）寅八月吉日に建碑したことが分かっている。(5) 没後二年にこの碑が建てられた事は、特殊なことなのだろう。

三、おわりに

朝日町大谷字粧坂の両墓制が崩れつつある中で、十数年前の記憶と写真、また過去の塔婆供養の全容を知る人がいなくなった現状での聞き取りに頼ったことは否めない。それでも、三十三回忌での栗の本の二又塔婆、五十回忌での角塔婆供養は県内で珍しい事例ではないかと思う。どの年回忌を最終年忌（弔い上げ）としているのか、現在の粧坂集落の人々の意識は判然としない。おそらく昔は人々に意識があって、全国的にみられるように「仏が神になる」とか「仏が先祖様になる」と信じて塔婆を立てていたのではないかと考えられよう。

特徴的な点は、東北地方の太平洋側にみられる三十三回忌を弔い上げとして立てられる栗の木の二又塔婆と西日本に顕著に分布する五十回忌の時に弔い上げとして立てる角塔婆が埋め墓に共存することである。これはどうしてなのか。民俗と宗教の両面から検討しなければ明らかにすることはできないと思われる。

注

（1）野口一雄「村山地方「粧坂」の両墓制」『山形民俗』第十五号（平成十三年十一月二十五日　山形県民俗研究協議会）
（2）市村幸夫「調査報告　村山地方「粧坂」の両墓制について」（平成十三年十一月二十五日、山形県民俗研究協議会）
（3）村山誠一郎、村山修両氏より聞き取り（平成二十五年九月五日）
（4）岩田重則『墓の民俗学』（二〇〇三年十二月二十日　吉川弘文館）
（5）槙清哉「河北町の石碑（石造物）⑩　工藤弥次右エ門珍充を祀った山神碑」『広報かほく』（平成十年七月十五日発行　山形県河北町役場）

第九章　女性主体の「三社宮」観音信仰

一、はじめに

山形県西村山郡河北町谷地に鎮座する三社宮《さんじゃみや》は内楯という三十五戸から成る町内会が管理・運営する非宗教法人の神社であるが、以前から神仏習合の寺社で、信仰の中心に観音信仰がある。それに主体的に関わってきたのは女性であり、現在も町内会の女性たちに受け継がれている。時代と共に、信仰の姿は一部変わってきているが、筆者は神社の近くに住み、以前、三社宮の別当として、少々関わってきたいきさつもあるので、信仰の概略を報告する。

二、三社宮の由緒

天正年間に白鳥十郎長久が谷地郷に平城を築いた歴史がある。三社宮のある内楯地区は城の本丸跡に当たり、三社宮は本丸の北東部の鬼門を守るために置かれたと言われる。谷地城本丸の土塁跡の上に鎮座しており、傍らには、白鳥十郎の奥方が「花は咲いても実はなるな」と言い、植えたと伝えられる樹齢四百年にはなると思われる大イチョウの雄株が立っている。

三社宮と大イチョウ

三社宮には熊野三所権現を勧請したとも言われるが[1]、御神体（御本尊）は神仏習合のため、聖観音、勢至観音、弁財天の三体である。平成十一年に三社宮を改築した際に、御神体（御本尊）の入った厨子の裏側の記録によると、四百年以上安置されてきたことが分かったという。明和二年六月十七日（一七六五）には御本尊のご開帳の記録がある。また、白鳥十郎の位牌も安置されており、天明三年（一七八三）に十郎長久公二百年祭の法要が営まれているという[2]。境内には、稲荷と二十三夜堂も祭られており、町内では〝お観音様〟の呼称で親しまれ、神社参道の入口には、大正十五年（一九二六）に建てられた「三社宮観世音」の石碑が立っている。また、「谷地三十三ヶ所内楯三社宮第十五番霊場」の石柱がある。

三、三社宮の行事と信仰

三社宮の行事と信仰の概略と変遷について記す。

㈠、初詣

今年（平成二十七年）は新年の一月三日、三社宮にて、家内安全、商売繁盛、交通安全、五穀豊穣、身体堅固を祈願し、神式で行われた。むつみ会（老人会）の主催で、町内会が協賛する。

㈡、三社宮例祭

毎年、旧暦の三月十七日（今年は新暦の五月五日）に行われる。町内会の役員とむつみ会（老人会）の会員が参加して、神式の礼拝をした後、直会を催す。参道入口に「三社宮観世音」と揮毫された幟を青年会が立てる。

「御詠歌」と観音講集金控帳

㈢、御観音様講

新暦の毎月十七日、三社宮に女性約二十数名が集まり、『御詠歌』[3]を唱える。参加する女性の年齢は六十から八十歳台が多い。『御詠歌』の内容は、新字体で記すと、「懺悔文」、「開経偈」、「摩訶般若波羅蜜多心経」、「攝益偈」を唱え、「南無阿弥陀仏」を五十遍唱える。その後、「三社宮御詠歌」として、三社宮、弁財天、二十三夜、稲荷、春日を各三遍ずつ唱える。三社宮の御詠歌は「三尊の　みだはそのまま　三社宮

神や仏の　へだてあらねば　南無大悲観世音」である。それが終わると「延命十句観音経」（三遍）、「南無大悲観世音」（三遍）、「普廻向」を唱える。ただし、簡略化があり、一部省略されてきた。三社宮には「観音講集金控帳」が残されており、女性たちが会計面でも独自に運営していたことが分かる。昭和十六年のものもあり、六十名の女性の名前が見られる。戦前のいつ頃から始まったのかは分からないが、かなり前から続けられてきたことになる。女性の信仰心の厚さが分かる。現在の参加者は二十数名であり、戦前の約三分の一に減っているのは、町内会の世帯数の減少もあると思われる。以前は「無尽講」が同時に行われたが、今はない。終了後、茶菓子を囲み、女性の交流の場ともなっている。

㈣、村念仏（数珠回し）

旧暦の二月八日（今年は新暦の三月二十七日）に三社宮で行う。町内の除災招福等を祈願する行事。町内会の一組から六組までの女性の隣組長が世話役になり、女性約二十数名が参加する。式次第は御観音様講に準ずる。大きな数珠を皆んで回しながら、五体の神仏（三社宮、弁財天、二十三夜、稲荷、春日）に念仏を五十遍ずつ、計二百五十遍唱えるのが特徴である。以前は各組ごとに、家々を回って念仏し、ご馳走になったが、今は簡略化され、町内会全体で一回にまとめられた。町内会から茶菓子代等の補助金が出る。

㈤、春彼岸念仏

旧暦の四月八日に以前は三社宮に女性が集まり行っていたが、現在は実施されていない。昭和五十九年発行の『御詠歌』によると、式次第は「懺悔文」、「開経偈」、「摩訶般若波羅蜜多心経」、「摂益偈」、「南無阿弥陀仏」（百遍）、「延命十句観音経」（三遍）、「普廻向」となっている。旧四月八日であるから、昔は旧の灌仏会（仏生会）であったのだろうか。

㈥、谷地大火お念仏（おおやけ念仏）

慶応二年（一八六六）四月十一日、谷地本郷に大火が発生し、強風にあおられて、家数四百四軒、神社仏堂、寺院の多くを焼失した。その際、三社宮も焼失している。「慶応二年谷地大火絵図」[4]には「古木にてハ内楯観音堂の乳木半焼残る斗り」とある。内楯観音堂とは三社宮のことであり、乳木《ちぎ》とは境内の大イチョウのことであり、気根《きこん》が乳房のごとく垂れ下がっているのでこう呼ばれた。大火当時、三日三晩、大イチョウの木が燻っていたという話を筆者は若い頃、両親から聞いている。実際に、大イチョウの木の空洞には今でも焼けた跡が黒く炭化して残っている。

版木と御札（三社宮所蔵）

旧暦の四月十一日（今年は新暦の五月二十八日）には、三社宮に女性二十数名が集まり、大火（おおやけ）を記憶に留め、防火を祈念する念仏を唱えている。町内会より茶菓子代等の補助金がある。

㈦、弔念仏

隣組内に死者が出た時、葬式の翌日夜に隣組の女性が死者の出た家に集まり、仏前で念仏する。以前は三日間行われたが、今は一日だけとなった。「懺悔文」、「開経偈」、「摩訶般若波羅蜜多心経」、「攝益偈」、「南無阿弥陀仏」とながく（二十一遍）とみじかく（二十一遍）念ずる。「十三仏」を七遍唱え、「最上三十三観音御詠歌」、「延命十句観音経」（三遍）、「普廻向」、「追弔和讃」を唱える。

(八)、三社宮お斎灯

昭和三十年代までは四回あり、旧暦の十二月八日に弁財天、十日に稲荷、十七日に観音、二十三日が勢至菩薩（二十三夜）であった。筆者らは、子供会でお斎灯の薪を町内会をリヤカーで巡り集めたし、神社の木立を陣取り合戦の拠点にし、足の滑るのも物ともせず遊んだものである。遊びの終わりの頃に、神社に奉納された混ぜ御飯の御握りを頂いたものである。

現在は旧暦の十二月十六日（今年は新暦の二月四日）に一回にまとめて行う。薪は町内会の男性の役員が準備して焚く。古い御札や注連飾、注連縄など持ってきて焼く。焚かれる火は神仏を寿ぐしるしなのだろう。お参りに来る人は女性が多く、混ぜ御飯や赤飯、菓子等を奉納する。

(九)、大イチョウの乳木信仰

境内の雄株の大イチョウは樹齢が古く、乳房状の気根が幹から垂れて下へ成長する。昭和二十年代までは、母乳の出ない悩みを持つ女性が三社宮にお参りに来て、観音様の御札と気根を削ったものを護符として頂き、煎じて飲み、母乳が出るようになったとお礼参りに来る人がいたという。この事は三社宮の別当を務めていた亡母・サダから聞いた話である。筆者は観音様の御札を版木で摺ったり、気根を削る手伝いをした経験がある。現在、この信仰は見られないが、三社宮には、明治三十九年に筆者の祖父・周太郎が彫って寄贈した観音像の版木とその御札、護符を削った気根が残されている。この信仰はおそらく明治時代以前からあったのではないかと思われる。大イチョウには気根を切り取った跡が、目視で七ヶ所程確認される。護符として信者に配られたのだろう。三社宮にはかつて乳絵馬も十枚程奉納されていたと聞く(5)。なお、町外では庄内町三ヶ沢の霊輝院（曹洞宗）に同様の信仰がある(6)。

切り取られた跡のある大イチョウの気根

㈩、二十三夜堂の占い

失せ物の場所や方角の善し悪し、吉凶を占うための鈴の付いた小さな御堂（二十三夜様と言われる）が拝殿に置かれている。占い事を小声で唱えた後、両腕で御堂を抱き上げるが、吉事の場合は軽く持ち上げられ、凶事の場合は重くて持ち上げることができないと言われた。特定の女性信者が占う役をしていたが、亡くなられたし、占いを望む人も見られなくなった。御堂を亡父・周一が修理した際、大きな石が入っていたことが確認されている。重軽石と二十三夜信仰が結びついたものと考えられる。

四、まとめ

①、三社宮は古くから三所ノ宮あるいは観音堂と呼ばれてきたようで、御本尊（一部、御神体）は聖観音、勢至観音、弁財天の三体である。境内には稲荷も祭られている。古来から神仏習合であり、現在も、初詣や例祭は神式で行われる。明治初年の廃仏毀釈の形跡と思われる頭部等の欠けた石仏三体が存在するが、大正十五年には「三社宮観世音」の石碑が建てられており、観音信仰が顕著である。

②、三社宮は、現在三十五戸から成る内楯町内会が管理運営する。宗教法人にはなっておらず、信仰活動の主体は町内会の後押しを得た女性たちと言ってよい。女性たちは「御観音様講」、「村念仏」、「春彼岸念仏」（現在廃止）、「谷地大火お念仏」、「弔念仏」、「三社宮お斎灯」や「大イチョウの乳木信仰」、「二十三夜堂の占い」（今はなし）に主体的に取り組んできた。女性の信仰心と持続エネルギーに感心する。六十から八十歳代の女性が中心で、終了後の座談による交流にもやりがいを感じているようだ。かつては「無尽講」による実利的側面があったが今はない。町内会の世帯数が漸減するなか、高齢化社会において、これからどのような意義と推移を辿るのか注目される。

③、各行事で唱えられる『御詠歌』を調べると、内容は「摩訶般若波羅蜜多心経」、「南無阿弥陀仏」、「三社宮御詠歌」、「延命十句観音経」、「南無大悲観世音」などで、多様な仏教宗派に関わっている。また、弁財天、稲荷信仰も取り入れている。特定の神仏に限定せずに観音信仰を中心に据えながら、念仏や般若心経などの信仰も取り入れ、世間一般に対応してきたものと考えられる。

④、村念仏、弔念仏、大火お念仏など町内の防災招福、相互扶助的機能も果たしてきており、また、時代の変遷に合わせ、簡略化するなどして継続されている。

⑤、現在は見られなくなったが、以前は大イチョウの乳木信仰や二十三夜堂の占いが盛んであった事実がある。三社宮信仰には俗信も混在していた。

おわりに

この小論を書くにあたって、三社宮を護持する内楯町内会のご協力があったことに感謝する。

注

（1）『河北町の歴史』（上巻）河北町誌編纂委員会　昭和四十九年九月一日再版

（2）「三社宮縁起」内楯町内会（文責　村田精司）平成十一年八月吉日

（3）『御詠歌』内楯町内会　昭和五十九年吉日

（4）「元禄二年谷地本郷絵図・慶応二年谷地大火絵図」新町槙久右衛門家文書　河北町立図

書館蔵　河北町誌編纂委員会
（5）大場正弘氏より聞き取り　平成十九年五月三日
（6）「山形新聞」記事　平成二十六年十月二十七日

第十章　山形県に厩猿信仰は存在するのか？

厩（うまや）に猿の頭骨や手の骨を祀り、牛馬や家族の無病息災、家内安全等を祈願した「厩猿信仰」が全国各地に見られるが、東北地方にも存在することが、岩手県の中村民彦氏の調査研究により確認されている。山形県ではどうなのか。「村山民俗学会」第131号（2001年10月11日発行）に情報の提供をお願いした経緯がある。筆者は県内各地を廻り、自分なりの調査を試みた。現時点での結果を簡単に報告する。

厩猿信仰の存在を求めて、98年から07年にかけて県内の庄内、最上、村山、置賜地方において、馬か牛の畜産を営んでいる農家や猟師（マタギ）から、計35地点で聞き取り調査を行った。その結果は「無い」「聞いたことがない」という回答ばかりで、いまだ厩猿信仰の存在は確認されていない。調査地点を記すと、庄内では遊佐町、酒田市八幡・湯ノ台、北青沢、鶴岡市朝日、最上地方では真室川町大滝、大平、沼田、塩根川、最上町前森（2箇所）、赤倉、向町、作造原、舟形町一ノ関、金山町有屋、大蔵村清水、村山地方では尾花沢市市野々、母袋（2箇所）、富山、丹生、村山市五十沢、東根市間木野、猪野沢、天童市蔵増、高野辺、山形市山寺・所部、河北町溝延、大江町貫見、矢引沢、朝日町宮宿、白倉、置賜地方では高畠町二井宿、白鷹町深山、小国町小玉川である。

聞き取り対象者は50代から60代の男性が主であった。厩猿は確認できなかったが、馬と猿とのかかわりの痕跡は存在したようである。舟形町一ノ関で畜産を営む佐藤哲男氏の話によれば、戦後、馬車引きの話として、馬を厩から出す時、「サル、サル、サル」と三回唱えると、その日、馬が怪我をしないとか、春先き、馬橇が雪にぬかるような所で「サル、サル、サル」と唱えると、馬に怪我がないというようなことを聞いておった。当時、馬は岩手県からも来ておったようだとの話であった。猿が馬の守護神になるとの観念は県内にもあったようである。

厩には神符が貼られているのが散見されたが、馬頭観音の御札が最上町に顕著であり、真室川町にも見られた。他には出羽三山の火防の牛札とか出雲大社の御札が祀られているところがあった。

猿は県内の奥羽山系、朝日・飯豊山系の山麓に生息しており、近年は山里に出没して、果樹などの農作物に被害が生ずる程になっている。猟師（マタギ）の話によると、小国町小玉川では、戦前、猿を撃って捕らえ、女性も身体を温める薬として食べた。毛皮は温かいし、骨は漢方薬として仲買人に売ったという。また、鶴岡市朝日では、猿がたくさんいるので現在も射殺駆除している。昔は食べたが、今は食べないとのことであった。

鶴岡市朝日・倉沢に厩神社がある。山形新聞の記事によると、祭神は馬頭観音で馬の描かれた絵馬がたくさん掛けられており、近所の人に厩猿の信仰がないか聞いてみたが、確認できなかった。また、かつて馬産地として知られた最上町大堀の山王神社には馬の守護神の使者として猿の像が祀られているという。

中村民彦氏の調査研究によれば、東北地方では青森県（3点）、秋田県（27点）、岩手県（30点）、宮城県（5点）に厩猿が確認されており、福島県と山形県では未だ見付かっていない。地理的に見ても隣県に存在するのであるから、在っても不思議ではないし、つぎのような文献もある。本会事務局長の市村幸夫氏から紹介された広瀬鎮著『猿と日本人』（第一書房）に、岡山県湯原町で厩猿のサルの頭骨が見つかったが、古老（70歳）の話として、サルの頭は「はっきり記憶していないが、この地方のマヤサルの頭は山形県から昔、売りにきていたように思う。山形のどこかは忘れたが、何でも田畑の少ない村で、猟師が多くの野の鳥獣を捕って生活しているところらしかった」とある。山形県から岡山県まで、猿の骨の行商に行ったのかと驚かされるのであるが、事実なのであろう。「田畑の少ない、猟師が鳥獣を捕って生活している村」とあるので、一応、小国町か鶴岡市朝日と想定して、小国町小玉川のマタギ・藤田栄一氏に聞いたところ、県外に出向いたことはないとの話であった。ただ、骨を仲買人に漢方薬として売ったということであるから、その骨が仲買人によって、マヤサル用に運ばれた可能性は考えられると思う。また鶴岡市朝日のタキタロー祭の際、出合ったマタギから、朝日地域で猿の骨を行商に出たと言う事実を確認することはできなかった。

戦後60年も経てば忘れ去られる運命にあるのかもしれない。しかしながら、県内のどこかに埋もれているようにも思われるのである。中村民彦氏によれば、厩猿は家の世代が替わったため、忘れられている場合もあるが、先祖からの口碑として伝えられていることが多いという。ただし、現代においては厩猿の信仰が失われ、かえって祟るのではないかと怖れて、神社や寺院に預けているることもあるし、地域によっては他人に口外することをためらっているところもあるという。家屋が解体された時に偶然発見されることもあろうが、調査して発見するには、さらなる方法の工夫と執念を必要とするように思う。

あとがき

振り返れば、民俗学に素人の私が〝魚の事は何でも調べてやろう〟と蛮勇をふるって、「山の神とオコゼ」の問題に取り組むことになり、渋沢敬三先生の『日本魚名集覧（全）』を手掛りに南は九州まで調査に行くことになる。

村山民俗学会に入会し、諸先輩から民俗を学び、民俗関係の書籍を購入、溜め込む。山形県民俗研究協議会の場では、歴代会長の故・戸川安章先生、故・月光善弘先生、故・武田正先生、大友義助先生、野口一雄先生との出合いを通して、先生方の民俗学の業績の一端に触れさせてもらった。

東北芸術工科大学に、赤坂憲雄先生、地元から菊地和博先生を迎え、「東北文化研究センター」が発足し、『東北学vol 10』に「再考・山の神とオコゼ」を執筆する機会を与えられた。当センターの活動と梅原猛先生の講演などには学ぶことが多くあった。

村山民俗学会誌『村山民俗』、山形県民俗研究協議会誌『山形民俗』に毎年寄稿するようになる。次第に自分の先祖の信仰と周囲の民俗、古里の祭りなどにも関心を向けるようになっていった。短歌づくりを趣味としたことから、斎藤茂吉の歌集や回想録を読み、茂吉という人間と茂吉を育んだ上山市金瓶の民俗と宗教に興味を持つ。鮭の大助譚の奥深さにはまり、模索したが、蝦夷との関係が浮かび、予期しなかったアイヌの霊の観念に突き当った。

分を弁え、十数年間書いてきた文章をまとめることにした。立正大学の故・中村禎里先生からは拙い私に幾度となく、ご丁寧にご教示と励ましを賜った。先生は生物学者でもあり、私の生物学の師である山形大学の故・久佐守先生と懇意にしておられた。お話を伺うと山形県の庄内と縁があるとのことであった。ご縁と学恩に深く感謝申し上げる次第である。創価大学の天野武先生、神奈川大学の佐野賢治先生からも励ましの言葉を賜った。有難く感謝申し上げたい。

この本を作るにあたり、淡水魚研究同好の岡部夏雄氏から無明舎出版をご紹介いただいた。先ず感謝申し上げる。原稿の編集では、村山民俗学会事務局長を務めてこられた市村幸夫氏から多大な援助を頂いた。市村氏の助力がなかったら、出版はもっと後になっていたかもしれない。心からお礼申し上げる。村山民俗学会の皆さんがあって、私の民俗研究が進んだのであり、歴代会長の伊藤清郎氏、岩鼻通明氏、野口一雄氏のほか、菊地和博氏、鈴木聖雄氏、加藤和徳氏、守谷英一氏、安孫子博幸氏、関口健氏には特にお世話になった。感謝申し上げたい。

また、出版をお引き受け下された無明舎出版の安倍甲氏に感謝申し上げる。

初出一覧

本書は次の論文に追加と削除をしたものである。

第一章　斎藤茂吉の歌集『赤光』を民俗から読み直す

『村山民俗第25号』村山民俗学会、二〇一四年六月二二日発行

第二章　山形県内の雨乞い習俗

一　若松寺の倶利伽羅不動明王と雨乞い

『村山民俗第21号』村山民俗学会、二〇〇七年六月二四日発行

二　山形県内の雨乞い習俗の諸相と変遷—資料分析を中心にして—

『山形民俗第24号』山形県民俗研究協議会、平成二十二年十一月十一日発行

第三章　山形県の竜女伝説

『山形民俗第23号』山形県民俗研究協議会、平成二十一年十一月十五日発行

第四章　山の神とオコゼ

一　再考・山の神とオコゼ

『東北学vol 10』東北芸術工科大学東北文化研究センター、二〇〇四年四月三〇日発行

二　補考・山の神とオコゼ—文献にみるヒント—

『山形民俗第20号』山形県民俗研究協議会、平成十八年十月十四日発行

第五章　鮭の大助譚の世界

一　鮭の大助譚成立についての一仮説
『山形民俗第22号』山形県民俗研究協議会、平成二十年十一月十五日発行

二　鮭の大助譚に語られる禁忌と祟り
『村山民俗第24号』村山民俗学会、二〇一〇年六月二七日発行

三　鮭の大助譚の始原考
『村山民俗第25号』村山民俗学会、二〇一一年六月二五日発行

四　「鮭の大助」とはなにか―擬人化と怨霊化―
『村山民俗第26号』村山民俗学会、二〇一二年七月一日発行

五　「鮭の大助」と王権
『山形民俗第26号』山形県民俗研究協議会、平成二十四年十一月十一日発行

六　鮭の大助譚に観る往還の観念―アイヌの霊とのかかわり―
『山形民俗第29号』山形県民俗研究協議会、平成二十七年十一月二十一日発行

七　鮭の大助譚に散見される蝦夷とアイヌ
『村山民俗第30号』村山民俗学会、二〇一六年六月一八日発行

第六章　「谷地どんがまつり」の複合性

『村山民俗第27号』村山民俗学会、二〇一三年六月三〇日発行

第七章　大工の穢れ観念

『山形民俗第25号』山形県民俗研究協議会、平成二十三年十一月十二日発行

第八章　埋め墓の塔婆供養—朝日町大谷字粧坂の事例—

『山形民俗第27号』山形県民俗研究協議会、平成二十五年十一月十一日発行

第九章　女性主体の「三社宮」観音信仰

『村山民俗第29号』村山民俗学会、二〇一五年七月四日発行

第十章　山形県に庚猿信仰は存在するのか?

『村山民俗学会々報第一九九号』村山民俗学会、二〇〇八年三月四日発行

著者略歴

村田　弘（むらた　ひろし）

1943年　山形県生まれ。

山形大学文理学部理科（生物学専攻）卒業。

山形県内の高等学校に理科教員として勤務する。

村山民俗学会幹事、日本民俗学会会員、日本生物地理学会会員、山形県歌人クラブ会員。

山形市小白川町在住。

山の神・鮭の大助譚・茂吉
―東北からの民俗考―
定価〔一八〇〇円＋税〕

二〇一七年四月二十日　初版発行

著　者　村田　弘
発行者　安倍　甲
発行所　㈲無明舎出版
秋田市広面字川崎一一二―一
電　話／（〇一八）八三二―五六八〇
ＦＡＸ／（〇一八）八三二―五一三七
組版　㈲ぷりんてぃあ第二
印刷・製本　シナノ

ISBN978-4-89544-625-9